图解服务的细节
092

お客様が必ずリピートしたくなる“特別なしかけ”
小さな飲食店の忘れられない「記念日販促」

餐饮营销3
让顾客感动的小餐饮店“纪念日营销”

[日] 富田雅纪 著
赵净净 译

人民东方出版传媒
People's Oriental Publishing & Media
東方出版社
The Oriental Press

目　录

第 1 部分

令回头客增多的打动人心的“纪念日营销”

第 2 部分

“纪念日营销”的前期准备工作有哪些

第 3 部分

从顾客发自内心喜欢的纪念日营销开始

第 4 部分

纪念日菜单的制作方法，努力提高客单价和满意度

第 5 部分

分级实践法和纪念日创意

第 6 部分

一直被光顾、被热爱的餐饮店的法则

前　言

"生日快乐!"

顾客们的声音在店内响起来。餐桌上放着生日特别菜单，桌边坐着满面笑容地送出礼物的顾客，以及腼腆地接受礼物的顾客。还有人被趁势亲吻了一下脸颊。

顾客临走前，对你说一句"今天非常开心，这个纪念日过得很有意义"时，恐怕是作为餐饮店主最有成就感的瞬间了，觉得"做这份工作真是太值了"。

大言不惭地说，我的店在日本全国是首屈一指的"专门庆祝纪念日的餐厅"。提供专门为各种纪念日打造的定制菜单和服务，且90%以上的顾客是为了庆祝纪念日而光顾。

除生日会以外，还有为庆祝结婚纪念日、入职、订婚、领结婚证，以及祖孙三代为庆祝老人的六十、七十、七十七大寿的家庭，还有为庆祝在拳击比赛中获得初战胜利等，均在我们的服务范围之内。

餐厅始于21年前。一路走来跌跌撞撞，终于在3年前摸索着走上了“专门庆祝纪念日的餐厅”这条路。值得庆幸的是，如今得到了很多顾客，尤其是回头客们的大力支持。但是，这一路走来，绝不是一帆风顺的。

大约在10年前，附近涌现出越来越多的竞争对手，加之经济下行，餐厅营业额像连环跳一样急速下降。当时，酒水占到营业额的六到七成。于是我慌忙派发了七折优惠券降价销售，试图以此拉回顾客。

结果却陷入了利润率走低、低价销售的泥沼，为此我痛苦不堪，最终走到了全面亏损的结局。夫妻关系也变差、因资金筹措困难而毫无食欲、健康方面也出现了问题，在这样的恶性循环中苦苦挣扎了两年。

其实，在那段时间，我熟识的餐饮经营者中，也有因为经营恶化而自杀的。自己当时一直提心吊胆，说不定下一个就轮到自己了。

自己气得要命，“难道自己也就此停业吗？当初不顾父母的极力反对选择了这份自己喜欢的工作，却搞得如此狼狈。真是可悲可叹呀！”

在我横下一条心，以为“真的完蛋了”时，却莫名其妙地突然回过神来，想到“反正横竖都是破产，倒不如按照自己喜欢的样子做一段时间再破产。至少不会留下任何遗憾!”

于是我当即决定一扫心中的郁闷，勇往直前地走下去。在此之前只读漫画和菜谱的我，开始博览群书，到处找市场和经营方面的书来读。还去参加促销的研讨会，吸收了许多之前从未接触过的知识。

那段时间里，开始有意识地要做“专门庆祝生日的餐厅”，那是从谷底逐渐走出来的六年。不管不顾地经营下去，也得到了很多人的帮助，不断改善菜品和服务内容，店铺逐渐走上了健全的经营模式。

如今，即使旁边新开了大型连锁店也不再害怕，也能做到从容应对。

并且，客单价已从低价销售时的2000日元提高到9000日元，攀升了四五倍。回想起来，陷入低价销售的恶性循环那段时间，我总是把没有顾客的原因，都归结为“顾客品尝不出菜品的精髓”“经济不景气”等外在原因。

然而，后来我终于明白，对小型餐饮店而言，店主自身的心态其实最重要。动机的高低和内在心态，也会影响整体经营。这是只有体验过身处谷底的滋味，才能清楚道出的道理。

因此，本书是写给像以前的我一样，把经营不顺利的原因归结为时代和经济不景气、归结为外在因素的读者，以及误以为自己只要努力，就一定能获得回报的读者。当然，如果有幸能为目前经营顺利，但是想要未雨绸缪不断摸索新促销方法的读者，以及那些想吸收其他店的优势，为自己的店打造出独特风格的读者提供参考，我将深感荣幸。

如果这些读者，哪怕能把我在经营“专门庆祝生日的餐厅”时积累的打动顾客的方法，以及关于“纪念日营销”的相关领悟的其中一个，运用到自己的店里，哪怕因此增加了一位顾客，或一位回头客，我都会感到无比欣慰。

诸位小型餐饮店的经营者，让我们一起开始运用新促销方式吧！

哪怕你只将本书中的一个方法付诸实践，并以此为契机走上了更好的经营之路，我梦想在将来的某一天，能够有机会在你的店里，与你共同讨论你原创的纪念日营销方式。

富田雅纪

第 1 部分

令回头客增多的打动人心的“纪念日营销”

小型餐饮店更适合“纪念日营销”

我的法式餐厅“Delacera”，在 2012 年迎来了开店二十一周年。这二十一年间，发生了太多太多事。那段时间里，我的内心可谓是“动荡剧烈”。

开业伊始时是餐厅兼酒吧，主营酒类。

后来经营不顺时改为西式酒馆、引入了自助餐等，在缺乏店铺特色的状态下持续经营。最初尽管毫无特色，倒也能盈利。但是，周围的餐饮店如雨后春笋般涌现出来，再加上网络的普及，人们获得信息更加便捷，世界进入了一个有着丰富选择的时代，经营就每况愈下了。那段时期，不仅是小型餐饮店，连大型连锁餐饮店也进入了苦战。

在那段痛苦难挨的日子里，慢慢摸索到的解决方案就是“做专门庆祝生日的餐厅”。

最初打出这一特色时，同行业十个人中有八个人都对我说，“范围缩小到生日会，是不可能有顾客的。劝你还是算了吧。”

通常，人们都会这么认为。一家只能用来庆祝生日的店，怎么可能开得下去呢?

此外，Delacera 的地理位置离车站远，乘坐公交车或电车等公共交通工具来店也很不方便。只能乘坐出租车或自己开车、走路过来，地理位置很不理想。

然而，就是在这样的地方，自从转型为一家专门庆祝生日的餐厅后，也逐渐开始盈利。后面我会详细讲到，客单价是如何在 5 年之间翻了四五倍的。恐怕这一客单价的提高率，在全日本都首屈一指。

为什么能实现如此大的转变?

为什么？尽管十个人中有八个人都说“还是算了吧”，但是它却逐渐实现了盈利。

答案只有一个。

“把利用动机限定在纪念日、专注于这一件事”，仅此而已。

Delacera 也曾有过低价销售的时期。当时所处的市场是，大型连锁店奉行“不过分拘泥于价值，跟着流行走”，一味追求销量的市场。

在那个市场中，Delacera 这样的小型餐饮店，自然无法与资金雄厚的大公司抗衡。

于是，我下定决心在一个大型公司不擅长，而中小型店擅长的“拘泥于价值，且不被流行左右”的市场中谋生存。

后来我才深切认识到，这个决定真是太正确了。

专门庆祝生日的餐厅，恐怕日本全国也只有 Delacera 这一家。

现在，除了生日会，前来庆祝结婚纪念日等的顾客已超过九成。

至今为止的成果，使我更加确信，从现在开始，小型餐饮店必须开始，“为前来庆祝纪念日的顾客提供服务 = 纪念日营销”。

我想向各位读者传达的是，并非“一定要把业态转变为专门做生日会”。

而是保持你们的现有菜单不变，追加纪念日服务和纪念日营销，着重于提高盈利而非营业额，让客户获得愉快的用餐体验，下次还会再来光顾。纪念日营销的优势在于，它可以被运用到餐饮业的任何一种业态。

在考虑“纪念日营销”前，让我们先来思考一下小型餐饮店的优势在哪里：

· 很容易让顾客出于惯性光顾，顾客都是熟人。

· 有家庭氛围，有温度。

· 不迎合所有人的喜好。

· 相较于便捷性，店主和员工的人情味更有魅力。

· 可以对常客特殊关照。

· 可以根据顾客的要求随机应变。

· 更易于向顾客提出要求。

等等。

其实，这些特征是 Delacera 的常客横山先生告诉我的，也是他“选择本店的原因”。

横山先生之前有过在大型连锁店提出一个小小的要求，却被断然拒绝的经历，之后他再不怎么敢提要求了。而小型餐饮店诚心听取这一点小小的要求，他告诉我，这是一大优点。

实际上，我很清楚横山先生前来用餐的原因。

最初，是太太为了给先生庆祝生日，从当时派发的宣传单上看到了我们的广告，于是前来预约。

第二次过来，是为了庆祝横山先生父母的银婚纪念日。当时，恰好是我接的预约电话，感受到横山先生想要好好庆祝一下的强烈心情，我对他说“我们直接面谈吧”。之后，经过双方面对面讨论，我们特别准备了印有横山先生父母的照片，但不显示价格的菜单。横山先生不住地表示感谢“听取我如此任性的要求，真是太感谢了”。后来，除了结婚纪念日，他还邀请了帮助过父母的人们来这里参加餐会，店里年末推出的“法国节”也每年都来参加。

在大型连锁餐饮店，一位顾客只是众人之一。

而在小型餐饮店，每一位顾客都是唯一。

对待顾客的姿态不同。我认为，小型餐饮店更能体现出为顾客提供的定制化服务。

在饮食服务行业，自家庭餐馆兴起以来的 30 年间，许多东西都实现了数字化，变得非常便捷。大型连锁店不断增加分店，并为生意兴隆而自豪。

然而近来，餐饮店的低价化愈演愈烈，虚假骚动连绵不断，食品安全岌岌可危。

我认为，日本的饮食生活在这 30 年间并未变得更加丰富。

低价化仅带来了便捷性。降低成本低价销售的大型连锁店，越来越少地使用放心安全的食材了。

然而，我要大声说出来。小型餐饮店应该以恰当的价格提供菜品。

如今，人们为了休憩心灵，开始怀念起与无机质数字化背道而驰的模拟式温暖。因此，容易让人与人建立友谊、信赖的小型餐饮店，更应该推出重要的纪念日服务。

在这里，我想先下一个定义，对作为本书主题的“纪念日营销”的定义。定义有以下三个。

1. 不仅让主角顾客（顾客）满意，还要让请客方（东道主）满意的策划

生日会等场合中，很容易只重视主角顾客，其实对请客方东道主也要多关注，让双方都满意，是提高顾客满意度和回头率的诀窍。

顾客满意了，不仅会介绍亲戚朋友前来用餐，还会演变成口口相传。想让东道主满意，那么在接受预约时，询问必要事项和需求是基本要求。建议根据具体需求，与顾客进行细心的商讨。

2. 全世界独一无二的策划

听到“全世界独一无二”，估计很多人会想“那可做不到”。但是，试着去做，并没有那么困难。自己家里做的菜，毫无疑问是全世界独一无二的菜。

此外，饮食行业不同于零售行业，不可能把采购过来的商品原封不动地提供给顾客。即使利用半成品，也要在摆盘上下功夫，换一种提供方式，就变成了一家店原创的菜品了。

想必很多人会说“这种程度的话，早就做到了”。再进一步，花点心思，把从本书中学到的服务，与店里现有的服务组合起来，独创性就更高了。

小型餐饮店，没必要像大型连锁店那样，提供迎合大众的服务。相反，想出一些大型连锁店无法提供的服务，才是关键。

我考虑的基准，是自己真正喜欢的菜品，和自己想要享受的服务。因为如果和自己有相同爱好、相同想法的顾客来到店里，并感到很满意，对我来说是最开心的事。美其名曰“这一作战方案”。与此同时，在 Delacera 里，明确强调了“即使很费工夫和成本，也要为想吃到美食的顾客做出满意的菜品”，网站主页和宣传单上，都明确写了这一点。

让人觉得“那家店，比其他店更有趣呀”“想吃〇〇的话就去那家店”“那家店的店主很快乐呀”，这些非常重要。

3. 让员工也乐在其中，并且愉悦程度不亚于顾客

纪念日，不是平常日，是特殊的“非平常日”。所以，如果店方还是保持与往常营业时一样的士气，则不可能让顾客满意。话说回来，冷不丁地对员工说“今天是顾客的纪念日，服务时

要打起精神哟”，也很难做到。

想提高员工的士气，所提供的菜品和服务，就要让员工忍不住想在家人或朋友面前炫耀一番。

在 Delacera，烹饪食材之前，会以素材的状态，拿到顾客的座位上，给顾客看。这样做，顾客会感到很惊喜，满怀期待，气氛一下子就热烈起来了。员工亲眼目睹了顾客高兴的样子，就像得到夸奖一样，心情也会愉快起来。这种持续积累会变成自信，变成自豪。

这样一来，员工也会以特别的心境看待纪念日营销，进而为顾客提供更好的服务。

此外，员工乐在其中的话，会把这种情绪或氛围传染给顾客，顾客也会更加愉快。

客单价从 2000 日元提高到 9000 日元，上涨四五倍的原因

Delacera 自从开始做纪念日营销，5 年间实现了客单价上涨四五倍，从 2000 日元提高到 9000 日元。

其实，“自然而然就涨上去了”，这是真心话。比因低价销售而差点停业时翻了四五倍。

让顾客获得愉悦体验，同时自己也享受了这个过程。我一直在思考这个问题。当然，仅凭这一点，不可能实现客单价呈四五倍的翻升。

最先着手的，是倾听顾客的心声，询问顾客的联系方式。顾客的心声，是一座埋藏着精彩的创意、精妙的灵感、精准的建议的宝藏，胜过任何一个有名且昂贵的咨询师。从中找出 Delacera 的“卖点”，并努力把它明确地展现出来。后来，我又停止了午餐营业，并缩短了晚餐时段的营业时间，减少了接待人数。

从一般常识来讲，延长营业时间、增加接待人数，是提高

营业额的常规手段。Delacera 却采取了相反的措施。

目的在于，延长为每一位顾客服务的时间，增加分配到每一位顾客身上的精力，提高顾客满意度，以便提高回头率。在我看来，关键不在于提高营业额，而在于即便营业额下降，盈利依然增长。

例如，客单价为 1000 日元，共接待 90 位顾客的话，营业额为 9 万日元。

而这个营业额，两名员工应付不过来，至少需要四五名员工。

但是，当客单价达到 9000 日元，同样 9 万日元的营业额，接待 10 位顾客就够了。10 位顾客的话，两名员工就游刃有余了。

这样一来，分配给每位顾客的前期准备工作和服务时间就大幅提升了。总之，提高客户满意度比提高翻台率更适合小型餐饮店。

因此，小型餐饮店应该在适当价位的基础上，以提高客户满意度，赢得客户的信赖为运营方向。

这些方法中，已经取得成果的，是 Delacera 采取的纪念日营销。

此外，我尽量选用优质食材，并以适当的价格提供给顾客。

低价销售时期，脑子里想的全是寻找便宜的食材，以尽量低的价格出售。仅这一样，味道就退到次要地位了。

而现在，我一大早就去市场，自己亲眼去看、去摸，采购满意的鱼，肉则不通过精肉店，而是从生产商那里直接采购，蔬菜尽量选用当地农家不含农药的新鲜蔬菜。我认为，菜品味道的 80% 由食材决定。剩下的 20% 由厨师的技术、服务、店铺的氛围决定。

此外，这 5 年间取得的最大成果，是赢得了顾客的信赖。

赢得了信赖，高额商品也就容易售出了。在庆祝纪念日的同时，顾客往往追求“特殊的”“异于平时的奢侈菜品”，因此要提供材料等成本较高的菜品。只要取得了顾客的信赖，他们就会放心去点价格高一点的菜品了。

此外，顾客开心的照片、美味佳肴的照片，也是提高客单价的重要因素。

我经常问前来 Delacera 用餐的顾客们：“您为什么选择来 Delacera?”大多数顾客回答的原因可归纳为以下四个。

①照片上的菜品看上去很美味

②主页上刊登了许多顾客们开心的照片

③没有其他专门做生日会的店

④纪念日特辑和服务很丰富

充分运用顾客告诉我的这些方法，果然很有效。菜品照片的成品效果与照片的使用方式，左右着客单价与点菜数量。

我还从事菜品照片的拍摄工作，自从自己开始拍摄菜品照片以来，对此更加深信不疑了。

此外，让顾客面对着菜品、开心地庆祝纪念日的照片，也有显著效果。其他顾客看到这些照片，也忍不住向往“自己也想拥有这么愉快的体验”，而产生前来用餐的念头。

小型餐饮店，应该添加与以低价取胜的大型连锁店截然相反的附加值，接待即便菜品价格稍高，也愿意来光顾的顾客。

可以断言，这会是小型餐饮店今后生存下去的常识。

一定存在属于你的店的独一无二的纪念日营销

餐饮店有各种各样的业态，包括咖啡馆、拉面店、餐厅、酒馆、饭馆，以及外卖等。纪念日营销适用于众多业态中任何一家店。

我在 Delacera 实施纪念日营销的原点，是“幼儿园生日会”。

请回想一下，小时候，父母在自己家为你举办生日会的情景。我幼儿园时期，父母为我举办过一场生日会，用挂起来的折纸作为装饰，邀请了几个关系好的朋友来参加。

那时候，物资没有现在丰富，没有特别豪华的装饰，也没有多么美味的食物。

邀请了关系好的朋友，和自己暗暗倾心的女孩子，吃了母亲亲手做的食物，最后大家围着点燃了蜡烛的生日蛋糕，一起为我唱了生日歌。

那是一段非常开心又非常特别的记忆，自己是主角。亲手制作的食物感觉很温暖，只属于家的时间和空间。这是世界上独一无二的招待。

这是我个人的例子，也请大家回想一下，迄今为止经历过的庆祝会，以及感到愉快的场景。

可以一直追溯到幼儿园时期。与恋人共度美好时光的场景、与父母或兄弟姐妹等家人共度温馨时光的场景、与祖父母一起在乡下庆祝生日的场景，以及与朋友们一起噼里啪啦地点燃彩色爆竹，嬉闹不止的场景。

怎么样？你有没有回想起来，残存在记忆中的开心庆祝的场景？

这种个人的愉快体验，可以通过你的店这一过滤器，变成自己店里独创的纪念日营销。

很多东西会因店主自身的心情而变化，请相信，新的纪念日营销方式一定会出现。

最重要的是，努力让纪念日的主角开心起来。只要有了这种心意，庆祝纪念日，无论是在自己家里，还是其他任何地方都可以。

但是，当顾客选择外出用餐并选择了自己的店时，则需要许多心意以外的附加值。

只需在现有菜单和服务的基础上稍做补充就行

我推荐实施纪念日营销的原因之一，是它不需要大幅改变现有菜单和服务，只需花一点功夫就能开始做。具体而言，关于菜单和服务，有以下几个优点：

· 无上限地提高品位

· 易于提高客单价

· 风险小、易起步

· 即便重复做同一件事，可行性也很高

· 可持续进行，服务的精度和品质、再现性都能得到不断的提高

想必在餐饮店工作的各位，一定不缺为生日或结婚纪念日等庆典帮忙的经验。

如果是预约时就了解情况，事先在餐桌上，摆放上写有姓名和“祝你生日快乐”的卡片，即便是当天才知道具体情况，也可以把摆盘做得稍微豪华一点、把背景音乐换成生日歌等。

不过，很多人也许会说，这种程度的话，目前任何一家店

都在做。确实如此。纪念日营销的服务和菜单没有上限。首先，从对自己的店而言简单易行的方法开始，试着掌握操作的节奏、所需时间以及顾客的反应。一步一步来，与顾客共同享受其中的过程，是持续进行下去的秘诀。

我也是从风险较小的、简单的菜单和服务开始，在不断的反复研究和改善中，设定了最终的内容和价格。

从一开始，就让自己的纪念日菜单与其他店明显不一样，这种做法很吃力，员工的负担也会变大，有可能导致运营混乱。建议从对现有的菜单和服务加以整合，或在现有菜单的基础上追加一些本书中列出的实例入手。

仅此就能体现出独创性。一开始不能太勉强，这一点很重要。否则会出现上菜速度慢、服务不到位、失去客户的信赖的情况，所以一定要避免。

根据我的经验，一旦客户对你失去信任，再怎么补救都无济于事，他们不会再来第二次。

明白了其中的诀窍后，不妨来增加服务，提高独创性吧！

你的店独一无二的纪念日策划也就应运而生了。这样一来，就能与其他店不一样了。

▶DM①

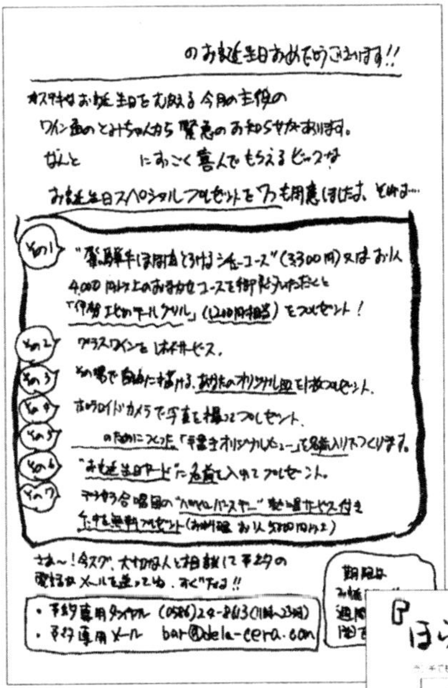

这是按照顾客清单，初次向每位顾客寄出的纪念日营销广告。把在A4纸上手写的内容缩小，用A5的厚纸印刷了出来。最后再手写收件顾客的名字。

▶DM②

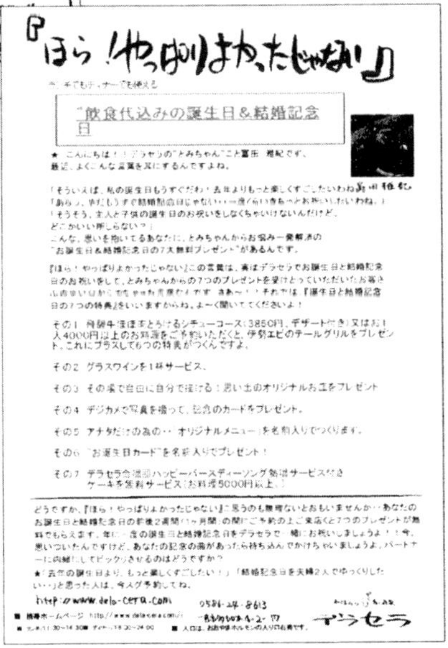

这是第二次制作的广告。“瞧！果然没选错吧！”原封不动地使用了顾客的心声。通过组合手写与印刷体，看看顾客的反应会有什么变化。

请看第 19 页的 DM①。这是 Delacera 刚开始做纪念日营销时，制定的生日庆祝方案。套餐起点价位为 3300 日元，附加 7 项免费福利。但是，DM 全部为手写，一张照片都没有。

第 19 页下面的 DM②，是①已经初见成效时，用客户心声作为宣传标语，用电脑制作而成的促销方案。那段时期，充分利用顾客清单进行了广泛宣传。

现在，则演变成了第 21 页的 DM③方案。套餐起步价为 5250 日元，共分三个等级，7350 日元和 12000 日元的套餐，把福利增加到了 10 项。并不是寄给顾客清单上的所有人，而是只寄给最常来的那部分顾客。

我开始做纪念日营销的这 5 年间，发生了许多大大小小的变化。

做到这个程度以后，周围的餐饮店开始模仿。可是，其他的店即使全盘模仿也不长久。就像许多主题公园，仅模仿东京迪士尼乐园的表面，最终都倒闭了一样。

无法顺利进行下去的原因有两个。第一，一口气模仿全部。不考虑店铺的特征和运营，从多方面入手，结果以失败告终。选择适合自己的店的服务，一点点下功夫，这一点非常重要。

▶DM③

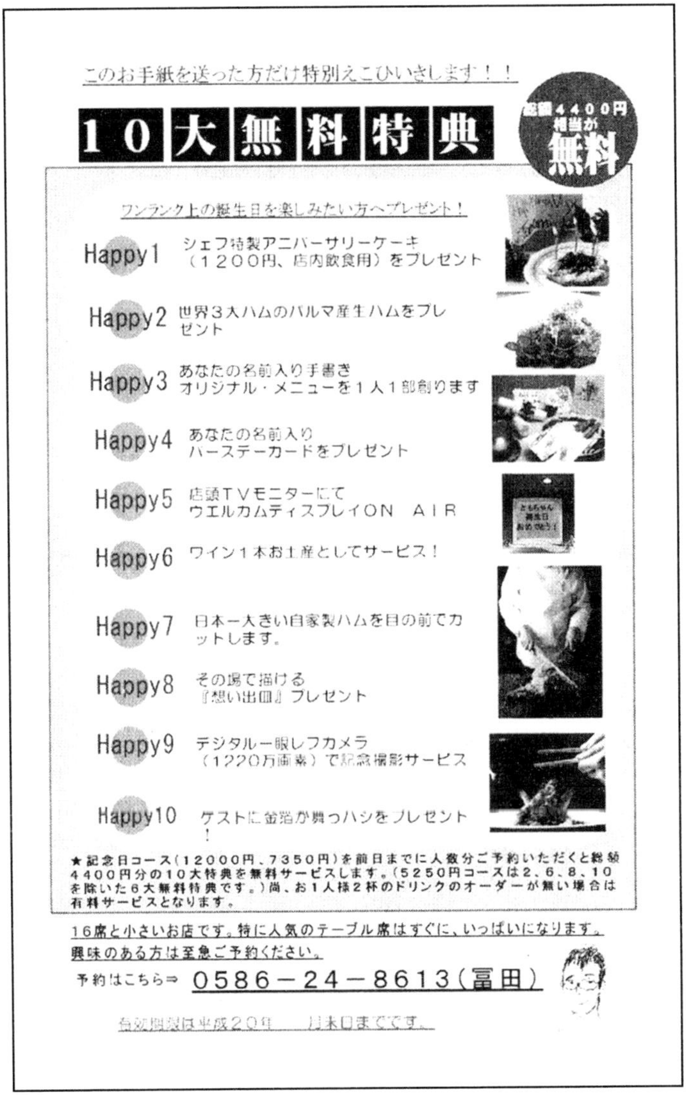

这是现在使用的纪念日营销用DM。两张A4纸的大DM，附了很多照片，寄给常来光顾的顾客。

第二，仅模仿表面，没有向顾客传达希望对方获得愉快体验的心情。实施纪念日营销的关键在于，“让顾客开心”“让顾客露出灿烂的笑容”。缺乏这一点的话就绝对不可能顺利进行。

“纪念日营销”的六大优势

在此，我想把纪念日营销的优势重新整理一遍。全都是小型餐饮店能切身感受到的优势。请对照自己的店进行思考。

1. 越是在不景气的当下，庆祝的需求越高涨

Delacera，越是在经济不景气时，客户光顾的概率越高。

经济不景气的情况下，工资下降，奖金也被削减。这样一来可供消费的钱就比之前少了。于是，除了日常生活的必需品，其他消费都被严格控制，进入节俭模式。在这之前一直坚持的兴趣爱好和外出用餐等都被严格控制。

可是，一旦品尝过生活的甘甜，再完全停下来就非常困难，这是人类的本性。要么减少次数继续下去，要么尽量选择省钱的方法。

此外，经济不景气，钱包就扣得紧，平时越是节约，一旦打开使用，之前的忍耐可能会一触即发。

我曾问过 Delacera 的顾客们一个问题：“外出用餐时让您感觉

‘贵’的金额大约是多少?”90%的顾客回答说是5000日元以上。

因为偶尔想要奢侈一下吃点好的、买点喜欢的东西。而且需要一个可以随心所欲花钱的理由。这时的理由，即为花钱的名义，最常用的就是“纪念日”。

从泡沫破灭到雷曼事件，再到东日本大地震，经济持续低迷。泡沫经济时代异常，那是一个无论是谁，无论做什么，都能赚钱的时代。习惯了泡沫经济时代的一代人，能感受到现在的不景气。我也是其中之一（但是，现在20来岁的人，自出生之日起就不景气，也只知道不景气)。

以感受到不景气的那一代人为首，很多人不再去咖啡馆喝咖啡，改为喝罐装咖啡，或在自己家喝速溶咖啡，也停止了下班后去喝一杯的习惯，改为在家里自斟自酌。

在这样的背景下，体验非日常气氛、与家人或重要的人一起欢庆的纪念日营销，一定会成为这个消费日益缩减的时代的重要关键词之一。

2. 纪念日是花钱外出就餐的最好理由

首先，作为练习，让我们来想一想与外出就餐无关的、花钱的最好理由（机会)。

·地面信号接收器的出现导致更换新电视机

2011年，电视机统一采用地面信号接收器。之前的模拟信号电视机用调谐设备将无法正常放映，所以很多人都买了新型电视机。鉴于法规更改，而不是出于自己的意志，恐怕是更换电视机的最佳理由了。

· 婚丧嫁娶、买房子

结婚典礼的花销，买房子，房子的扩建、改造等。自己购买的情况自不必说，有时候还要为前来祝贺的人回一份贺礼或送一份纪念品，也是一笔花销。此外，尤其是女性，为了出席结婚典礼，免不了要买件新礼服，或去美发店做头发，也要花一笔钱。

此外，还有丧礼费用以及奠仪、奠仪回礼、鲜花等方面的花费。

· 入学、毕业典礼

入学时，需要购买制服、教材、学习机、书包、笔记本电脑等。妈妈或许还要为入学、毕业典礼购买新衣服。

亲戚们有时候也需要出一份庆祝入学的贺礼。

怎么样？大家是不是也想到一些情况。是不是与自己的意志和手头宽裕程度毫不相关的花钱场合？

那么，提到什么是外出用餐的最佳理由，在饮食行业从业

20 年以上的我认为，是纪念日、新年、盂兰盆节、圣诞节。

花钱最佳理由的存在，说明当时已建立起花钱的机制。所有人，都拥有很多花钱的开关（理由）。这样一来，当店铺推出服务方案、推荐追加菜品时，就有可能正好按到众多开关中的一个，就产生了订单。

有多少位顾客，就有多少个生日。有多少对夫妻顾客，就有多少个结婚纪念日。你不觉得任这些机会白白溜走很可惜吗？

3. 可以很容易提高客单价

前面提到，Delacera 自从开始实施纪念日营销，客单价翻了四五倍。那么轻松就把高价商品卖出去了，连我自己都感到吃惊。

客单价上涨的因素有很多，最大的因素是获得客户的信赖。追加服务和追加菜品的订单，会因此增多。

例如，主妇们一起吃午餐时，大多会尽量选择价格便宜，并且能长时间停留的地方。实际上，我就此问过主妇们，她们大多希望平时的午餐尽量便宜。

这种时候，哪怕只花 100 日元，都会觉得不值。无论店家怎么推荐，由于她们进入了省钱模式，也不可能产生追加订单。

反之，一旦进入花钱、钱包扣得不那么紧的模式，由于一

▶ **用筷子吃的纪念日套餐的宣传页**

お箸で食べる記念日コース（5250円）の選べるメイン料理

★お1人1品お好きなメイン料理を選んでください。

★牛サーロインステーキ（オーストラリア産）

★やわらか～い鴨の溶岩焼きステーキ（500円増し）

★美濃ヘルシーポークの溶岩焼き

★4時間23腑42秒煮込んだ
牛ほほ肉のとろけるシチュー（2500円増し）

★最級イベリコ豚・ベジョータの溶岩焼きステーキ
（2800円増し）

最上級イベリコ豚（ベジョータ）のステーキ

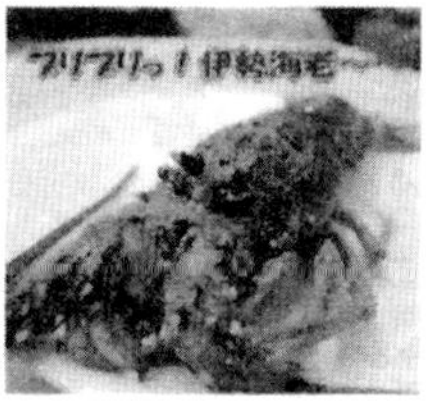

★大きな伊勢海老のクリームソース（3800円増し）

★本日の魚天然溶岩焼き

★本日の魚グリル・バルサミコソース

★本日の魚ローストわさびオリーブオイル

お箸で食べる記念日コース（6250円）の選べるパスタ

★1種類のパスタを選んでください。

★本日のスパゲティー

★手長海老のスパゲティー
（人数分お一人様1000円増し）

★最上級イベリコ豚（ベジョータ）のスパゲティー
（人数分お一人様900円増し）

あま～い！！手長海老です。

金额提高的菜单附有写实照片。
令人有直观印象。

开始就做了花钱的决定，所以很容易产生追加订单。

尤其是非日常因素较强的纪念日，有了大义名分，就没有了花钱的罪恶感。

以 Delacera 为例，推出了每人 5250 日元的“用筷子吃的纪念日套餐”。这个套餐是主菜和意大利面任选其一。可选项目中，还加入了，增加费用可以升级为更奢侈菜品的设置，顾客们可以根据自己的喜好选择。增加费用的菜品，以大幅照片的形式刊登在宣传页、菜单册、主页上，让顾客产生直观印象，并忍不住想品尝。于是，在“难得吃一次，尝尝吧”这样的心理作用下，顾客就会下单。

4. 不易被取消

Delacera 自从特别实施纪念日营销以来，取消预约的情况几乎没有了。以前作为餐厅兼酒吧经营时，出于下雪下雨等恶劣天气、突然有事没办法去等原因，取消预约的情况非常多。

现在，即使下了鹅毛大雪，由于是与重要的人庆祝纪念日，基本上所有顾客，都会克服困难准时赴约。

万一出现临时有事冲突的情况，大多顾客会选择变更日程。

仔细想来，恐怕是因为，纪念日是重要性仅次于婚丧嫁娶的重要事件吧。婚丧嫁娶在某种意义上可以说是义务，而私人的纪念日，可以说是顾客自发地想开心度过的日子。

此外，越是重要的纪念日，越是在预约阶段就确定了菜品，与仅预定席位不一样，可以提前做好准备工作。这样一来，食材的损失大幅减少，操作起来也更加容易。从这一点来看，纪念日营销是一项风险极低的促销形式。

5. 顾客会介绍给家人和朋友，一传十、十传百

自从实施纪念日营销以来，我感受到一个变化，即客户满意度很容易提升。创业二十年来实实在在地感受到，提高客户满意度，可以起到口口相传的效果，顾客介绍给家人和朋友、公司同事们的概率提高了。

而且，如果被介绍方感到满意，介绍方的信任度也会上升，进而成为店铺的忠实顾客，经常来光顾。循环往复，店铺的忠实顾客会切实增多。

根据我的经验，可以说，满意度和消费金额成正比例，消费金额高，满意度越容易提高。

原因很简单。消费金额高，可以选用更加优质的食材，服务也可以做得更到位。菜品味道的八成由食材决定。所谓的既

便宜又好吃，蕴含了“这个价格算是很好吃了”的含义。不考虑价格，要想做出真正美味的菜品，选用优质的食材是绝对条件。

如果烹饪水平相当的两位厨师做菜，选用优质食材的一方，做出来的菜绝对更美味。当今的趋势是，越是水平高的人，越使用优质食材，并以适当的价格出售；越是水平低的人，越坚定地认为高价菜品卖不出去，因此一味地选用便宜的食材。

我却相反，觉得既然水平不够，就应该尽量使用优质食材。这样一来，不仅可以做出比现在美味得多的菜品，还可以提升顾客的满意度。

另外，在像跨年会和新年会那样没有主角的宴会上，必须让全体成员都感到满意。而要做到这一点，实在是太难了，几乎不可能。但是，在纪念日营销中，可以预见主角是哪位，并优先让主角感到满意。这样一来，这种喜悦也会传达给东道主，大家一起乐在其中。

关键在于，主角明确，庆祝目的也明确，就更容易提高满意度。

此外，自己满意的话，会忍不住想告诉朋友和家人。

讲一件以前来 Delacera 庆祝过结婚纪念日的夫妇的故事。

两人一起来店里用餐，太太特别喜欢写有自己名字的菜单和纪念卡片，就把它们带回家了。

数天以后，那位先生又来店里了，他很高兴地告诉我：

“富田君，我老婆在回去的路上还一直乐个不停呢。第二天跟一起带孩子的妈妈朋友有约，还特地把写有名字的菜单带过去炫耀了一番呢。我也觉得很开心。”

这，无疑就是口口相传的真实声音。

还有一对夫妇，曾经来体验过包场方案。尽管是初次到店，他们却一点都不拘束，还请我一起喝了红酒，气氛好得不得了，当天的烹饪和服务都很令人愉快。这种心情好像也传达给了他们，后来，他们不仅介绍了公司的同事过来用餐，还在点评网上写了好评，在自己的博客上介绍了我的店。在那之后，又介绍了很多朋友过来。

我从来没有要求他们帮忙介绍，或在点评网上写评价。

人们喜欢把非常好的事和非常愉快的经历，还有非常不愉快的事告诉别人。印象平平的事，则不会特意去告诉别人。

但是，有一点不得不注意，人们更喜欢把感觉不愉快的事情告诉他人。无论是正面传言还是负面传言，都会作为口口相传的东西传播开来。这一点请务必铭记于心。

6. 生日和结婚纪念日是永远不会消失的永久事件

请看第33页的书信。这是我收到的来自顾客的书信中，最难忘的一封，来自Y女士。

初次到店时，是母女二人一起过来的，就坐在收银台旁边的位置，记得当时我只与她们稍微交谈了几句。

即将结婚的女儿，为了给妈妈庆祝生日选择了Delacera。她说并不记得有什么特别盛大的服务，却莫名地觉得与Delacera很投缘。

收到这封信时，我高兴得热泪盈眶，还给员工们也看了，大家都很高兴。

后来，这位妈妈还来Delacera为公司同事庆祝过生日，也经常与婚后的女儿女婿一起来用餐。

后来好长时间不见她过来，我还跟员工们说起也不知道她怎么样。从之前跟她一起来过的人那里得知，那位妈妈已经因病去世。

当时感到非常震惊，但之后我还是坚持从Delacera往她的家寄信和DM。

有一天，女儿女婿久违地来到Delacera，跟我们讲了死去的妈妈的事。

原来，那位妈妈去世后，女儿还把Delacera寄的信和DM摆

▶ 来自Y女士的信

先日はお世話になりありがとうございました。

主人が亡くなり25年。仕事をしながら周りの人達に

助けていただき、義母から数えて15年間の介護、2ケ月お

腹をいっしょに育ててくれ、私のうでの中で息をひきとって

くれた義父を9/30納骨したところです。

仕事も忙しく12月に嫁ぐ娘の仕度も手伝ってやれず、

自分の誕生日さえ忘れてた私に、最高のプレゼントをくれました。

食事のおいしかったことはもちろんですが、それ以上に

素適な時間とシェフの心をいただき、心がいっぱいに

なりました。

いっしょうけんめい生きておれば、やっぱりいっしょう

けんめい生きてる人に出会わせていただけるんですね。

本当にありがとうございました。

追伸　家に帰ってさっそく溶岩プレート注文

しました。我が家の分とお嫁入り道具としての分と…

我至今还把信的复印件贴在操作间。

在妈妈的牌位前，告诉她“看，Delacera 来信了哟”。

再没有比这更让人欣慰的事了。我感动得泪流不止。

在那之后，我仍然坚持往那位妈妈家里寄信。

自从开始实施纪念日营销，真的收到非常多的感谢信和感谢邮件。其中，也有严厉的批评意见。在众多感谢信和感谢邮件的鼓励下，我不断地进行改善。

与顾客心灵相通的瞬间无与伦比。

夸张一点说，生日和结婚纪念日会永久存在。

在延长时间、提高烹饪和服务的精度、提高顾客满意度的过程中反复改进，任何人都模仿不了的、属于你的纪念日营销就产生了。坚持就是力量。

我也将一直坚持下去。

Michibata's Family
Yokoyama's Family
Imai's Family
Memorial Photo Boo

第2部分

“纪念日营销”的前期准备工作有哪些

小型餐饮店吸引顾客的优势

大家一定在想，“好！快速开始纪念日营销！”在这之前，有一点需要确认，即小型餐饮店独有的，吸引顾客和开展促销的优势。在开展纪念日营销方面，这一优势确实有效。

我认为，小型餐饮店应该如实反映出店主的人格。

尤其是像我这样，店主本人站在第一线的情况下，可以说店主的人格=店铺本身。因此，店铺也有人格。Delacera 的人格和喜好：就相当于我的人格。提到我的人格和喜好：

· 喜欢让他人感到开心

· 喜欢像家一样的氛围

· 好恶分明

· 相对于正式场合，在休闲场合心情更舒畅

· 喜欢适合下酒的美味菜肴

· 相对于不限量吃、不限量喝，更喜欢花费工夫和金钱的菜肴

写起来就没完没了了，只列出了主要的几点。而且，这几点也体现在了 Delacera 的经营中。

由于小型餐饮店也拥有人格，当然会有喜欢的人和讨厌的人。小型餐饮店没必要迎合所有人。同现实中的人际关系一样。所以，不应该采用“欢迎所有人”的千篇一律的方法，而是应该尽量为自己希望光顾的顾客提供菜品和服务，这是小型餐饮店的优势。

那么，现在就来找一下小型餐饮店共同的优势吧！

1. 易于为顾客提供定制化（特殊定制）服务

正如第 1 章提到过的横山先生的事例，在小型餐饮店，顾客更愿意提出自己的要求，店方也更容易满足这种要求。

哪怕满足顾客一个小小的愿望，顾客的满意度都会大幅提高。

在 Delacera，计划前来庆祝生日的东道主顾客，可能会悄悄带来一封信、给主角制造一个意外惊喜，而且提前给我们送来照片，然后我们把过生日顾客的照片印在菜单上，制作出独一无二的菜单。这些确实颇费工夫，但我们一直尽量以并不怎么需要成本的方法实施着。

“定制化（特别定制）”听起来未免有点夸张，实际上只需在菜单上写上顾客的名字，就能打造出世界上独一无二的服务，所以强烈推荐。

此外，菜品要根据预算安排，也要尽量满足顾客的愿望。

尤其是回头客，他们知道提要求的分寸，店方准备起来也容易。以 Delacera 为例，假如上次是以肉菜为主，这次则希望以鱼为主，以及希望用世界三大珍味来做，或明确要求要有螃蟹和肥鹅肝，剩下的一种让店方来选等，要求五花八门。

重复光顾的次数越多，顾客与员工们越熟悉，所以员工可以顺利地对顾客提出的要求做出回应。在此之前所做的努力，等于在积累与顾客之间的信赖关系。我想，这是只有详细了解每位顾客的小型餐饮店才能做到的事。

这样的行为，还便于照顾常客，给予他们特殊照顾。

通常，餐饮店会被认为，应平等对待每一位顾客，这种想法在小型餐饮店则行不通。这是大型连锁店的思维方式。经常在电视广告上看到“对新顾客打五折”的广告。能在电视上播放广告的，无疑是资金雄厚的大企业。

我每次看到这种广告，都禁不住想，相比于初次光顾的顾客，难道不是优待重复光顾的常客更合情合理吗？所以，我在网站主页、博客和宣传页上，光明正大地宣布“对常客有特别优惠”。

Delacera 与常客西条夫妇，已经是认识超过十年的老相识了，他们对我、对 Delacera 都非常信任。当然，我和妻子也很信任他们。

属于互相能说心里话那种交情，西条先生也积极参与Delacera的策划。我在思考新的策划和活动时，有时候也会先跟他们讨论后，再继续推敲。曾经想到一个新创意，即召集5位顾客做即兴演奏，迫不及待地征求他们的意见后，他们立即表示很感兴趣，要来参加。

于是，与演奏家预约时间、确定菜品内容、邀请其他顾客来参加，并最终实现了这个想法。这个活动举办的主旨是，只需5个人，就可以在一个高级场所近距离目睹演奏家的即兴演奏，之后还可以与演奏家一起开怀畅饮。结果大家都非常满意。

一年后，西条先生又带来了邀请熟识的演奏家来Delacera即兴演奏的策划。

普通策划的话，店方需要安排演奏家的行程、确定菜品内容、邀请顾客前来参加等。这项工作，坦率来讲非常耗费精力。

但是，西条先生提出的这项策划，Delacera只需要准备美食和红酒、饮品和场地，邀请演奏家以及参加的顾客、器材准备这些工作，全都由西条先生包揽了。结果非常成功。

像这样与顾客一起实施策划，也很愉快。结束后，彼此之间的信赖进一步加深，新的创意也会层出不穷。

说了这么多，我想告诉大家的是，要在力所能及的范围，听取顾客小小的愿望或要求，满足顾客的愿望，在建立起信赖关系之后更是如此。

即使犯错，也不要答应顾客无理的请求，和违反本店政策的要求。

总之，必须是符合本店特色和政策的内容。因为，如果任何要求都答应，顾客会认为“这家店什么都答应”，要求就会逐步升级。请务必铭记于心，有时候需要有拒绝的勇气。

2. 可以实施金额低、风险低的促销

小型餐饮店，没必要像大型连锁店那样，开展全国规模的促销。面向全国开展促销的话，至少需要数亿日元的费用。金额较大，风险也会相应增加。

反之，小型餐饮店开展的促销活动，并不需要太多费用，开展顺利的情况下，优势很明显，风险也会相应降低。

大型企业，由于有市场和调研的专门部门，才有可能开展全国规模的促销，作为不具备这样专门部门的小型餐饮店，要首先从金额低、风险低的促销起步。反响好的话，再逐步增加成本，在更大范围内推进。

3. 步伐轻快、效率高

我也如此，小型餐饮店，店主想到什么就能立刻付诸实施，步伐轻快是最大的优点。而大型公司，大部分都要先开会取得上司的首肯，最后还要拿到总经理的决策。这样一来，就需要

耗费大量的时间和劳力。小型餐饮店则没有必要做这些，只需要跟员工们讨论一下，甚至第二天就能开始实施。我参加研讨会，如果有了“就这么办”的灵感，有时甚至直接省略跟员工们讨论的环节，自己就决定立即实施。

如此步伐轻快、高效率，是小型餐饮店吸引顾客与促销的优势所在。当然，有时候也会发生没经过深思熟虑，就直接开始实施的情况，伴随有一定的风险，但由于花费金额少，反响不好的话立即停下来即可。然后，仔细分析、验证反响较差的原因，再重新发起挑战。这样做，有利于培养感觉、提高经验值、积累数据。

请认识到，在当今时代，列出一堆无法实施的理由，于是不付诸实施的做法风险更高。吸取失败的教训，在下一次引以为戒，才能积累教训，转化为成绩。

4. 利用互联网，做不逊色于大型企业的宣传

受益于互联网的普及，我们进入了一个能免费获取大部分信息的时代。

个人使用博客、Facebook、Twitter等，可以随意免费发表自己的看法和主张。

在Delacera，我们不仅自己运营着正式的网站主页、博客、

Twitter、Mixi、Facebook、美食日志等，还有偿使用着雅虎搜索的美食信息和美食导航（均为餐饮店信息搜索网站）。

在这 8 个媒体上利用互联网推送信息。其中 5 个是免费使用。

使用方法方面，尽管目前还在不停摸索，但是在正式的网站主页上，我会明确传达本店的政策和我的意志，目的是让大家看到，作为专门庆祝生日的餐厅的详细内容。

博客上，主要上传顾客们开心的照片和训练方式、书写爱犬和我个人的趣事。基本不放活动公告。

Twitter 和 Mixi 关联着博客，自动更新为与博客中相同的内容。此外，美食导航的网页上也标记了 Twitter。我喜欢拍照上传，不擅长写文章，所以只要在博客上写一篇短文，就能自动链接到 Twitter 和 Mixi 上面，我对这种服务视若珍宝。

Facebook 则不跟博客和网站主页互相链接，上面的“好友”都是实际生活中见过的人。因为如果随意加好友，与博客就没有分别了。所以，这里多为个人性质的内容。发表自己一日三餐的照片、爱犬趣事的照片，主要为了加深与朋友之间的友情。

只不过，这些工具虽然免费又便于操作，但伴有一定的风险。在餐饮店点评网上，Delacera 被爆料过子虚乌有的事件。任何人都能匿名使用，所以有可能被写一些子虚乌有的事。

Delacera被爆料的事，完全背离了事实真相，于是我们报告给了网站运营方，要求删除了。最近，受人委托写好评的“表演性投稿”被报道出来了，所以使用方法方面有必要多加留意。

此外，还使用自动邮件发送系统，向本店收集到的邮箱地址发送邮件杂志。

需要注意的是，如果邮件杂志和博客上，全都是宣传和广告，会令人产生反感心理。应该以个人生活及生活中有用的信息、菜谱，让人一看就很高兴的信息等为主，宣传的比例占20%左右即可，这样不会招人讨厌，人们也愿意去看广告。

确定你的店实施纪念日营销的主题思想

那么，来确定一下，你的店铺独创的纪念日营销的主题思想吧！为此，先认真想象一下“为谁”“做什么”这两点。

1. 为谁

小型餐饮店，大多提供经营者自己喜欢的菜品和饮品，朝着自己喜欢的样子运营。

Delacera 也一样。所以，关于“为谁”，我的答案是“为自己”。

以自己为对象，只需要考虑如果是为自己庆祝，准备什么样的菜品和服务会开心。这是最简单且容易理解的方法。

如果不是“自己”，则以你最喜欢的顾客为对象。你最喜欢的顾客，指的是经常光顾你的店，且比较投缘的顾客。深入思考如何让这位顾客感到快乐。

假设这位顾客是 A 先生，接下来要考虑的是 A 先生的亲戚和朋友。认真思考一下，当 A 先生及他的家人、朋友来庆祝生日或结婚纪念日时，提供什么样的菜品和服务会令他们高兴。

“希望所有人都用同一种方案”的想法绝对不可行。因为这样做，无法与大型连锁店拉开差距，只会陷入价格战，落得平淡无奇的下场，纪念日营销自然无法让顾客铭记于心。

2. 做什么

我个人是以幼儿园时期生日会的记忆为基础，把自己的愉快体验，通过“食物与红酒的主题公园”表现出来，并作为当时店里的宣传标语，而制定了适合 Delacera 的方案。

主要参考的是东京迪士尼乐园，它拥有热情的粉丝和众多支持者。迪士尼乐园荣登日本回头率榜首，好玩到即便顾客已去过多次，也依然为之兴奋，让人忍不住去了还想去。

现场表演切自制的日本最大火腿，是像 Delacera 之类的餐厅的加演节目。此外，让顾客品尝平时没吃过的肥鹅肝和稀有的奶酪，产生非日常体验，通过准备写有顾客名字的卡片以及拍照摄影，让顾客有种宾至如归的感觉。这些就是从迪士尼乐园借鉴过来的提高人气的方法。

在考虑“做什么”时，如果要参考其他店的案例，需要注意的一点是，不要单纯地模仿，要通过店铺的主题思想这一滤光器来考虑。

即使在其他的店开展得很成功，原样照搬过来，大多数情况下也不会成功。

这是因为客户群体、店铺主题思想都不一样。我也有亲身体验，照葫芦画瓢地模仿下来，结果店铺变得不伦不类。渐渐地，顾客和自己都不明白在做什么了。

因此，无论做什么，店铺的主题思想都是最根本、最重要的部分，是在促销过程中迷失方向后赖以返回的原点。

结合你的店铺现在的主题思想，开展合适的纪念日营销，顾客就会自然而然地选择你的店铺来庆祝纪念日。

没有顾客清单，犹如上战场却带了个扫帚

招揽回头客，最重要的就是要有顾客清单。原因在于，招揽来过一次的顾客所花的促销费用，要低于开发新客户所花的促销费用。

通常，餐饮店被光顾两次的概率在30%左右。初次到店的顾客中有一半以上不会再来。光顾三次以上的顾客就少之又少了。

不重复光顾的理由中，最多的是“忘记了”，或者“不知道为什么”。当然，也有因为对菜品和接待不满意，而不再重复光顾的情况，在没有特别恶劣印象的情况下，这就成了理由。

在互联网普及的今天，每个人每天看到的广告达数千条。每天被淹没在如此海量的广告和信息中，如果过去发生的事没有留下特别深刻的印象，就会很快被忘得一干二净。

作为店铺，顾客忘记后，再让顾客回想起来就好了。方法就是广告、DM、宣传页等。

从结果来看，使用同样的促销方法，常客的反响比新客更

高，也更容易售出高额商品。因此，要想提高效率，让常客回想起自己，顾客清单尤其重要。

江户时代的商人之间流传着这样一句话，“店铺失火时，先把顾客台账救出来”。因为有了顾客台账，即使店没了，还可以东山再起。如果没有了顾客台账，则只能从零开始，一个一个地积累顾客。

在面向新客和面向常客时，采用不同的促销内容及媒体。

经过进一步细致分析后，再细分一下，反响会更好。但是，顾客清单是生鲜品，不使用的话，新鲜度会下降，反响也会降低，最终会彻底失去使用价值。

我的失败之谈，曾经花四年时间做了一份有 2300 人的顾客清单。作为一个只有 16 个席位的小店，这个人数过多了。根据来店次数进行排序，还记录了常客来店日期，以及提供过的菜品和服务、酒水等点单情况。

然后，利用这份清单，采取了保持每三个月寄一次报纸、DM、邮件杂志等的接触，以拉近与顾客之间的距离。

虽然坚持起来很吃力，但是实际体验下来非常有效。一般而言，餐饮店的 DM 能有 3%~4%的反响就不错了。DM 在好的时候反响率能高达 12%。

只可惜，渐渐地我觉得太麻烦了，寄送频率一落千丈。刊登在杂志上的定期广告，每次都只稍微修改一下就能使用，很轻松，但是DM和新闻，每次都要放新内容，很伤脑筋。

有一年甚至只寄过一次DM。我也深知这样下去不行，要改过自新，第二年，提高了寄送DM的频率，反响却极其差。

众所周知，顾客清单如果不长期坚持使用，会腐烂而失去使用价值。腐烂的顾客清单，就算上面有十万人，也毫无用处，只会白白浪费经费。

深切体会到这一点的我，下定决心把当时的顾客清单上，除了常客和优质顾客以外的其他人都删掉。因为，我意识到，与其守着过时而腐烂的顾客清单，做着反响极差的促销，不如重新制作一份，效率高，又有实际用处。

没有顾客清单的小型餐饮店，犹如上战场没带武器，而是带了一把扫帚去作战一样。

小型餐饮店的顾客清单，仅数量多没有用。相比于数量，质量更值得重视。所谓质量，指拥有很多已建立起信赖关系的顾客。此外，顾客清单的数量，请朝着席位数量的20倍收集（收集方法请见第56页）。并且，删掉已判定为不需要的顾客，引入优质的新顾客，遵循提高质量和鲜度的方法去制定。

这样一来，对你的店而言，世界上独一无二的最有利武器就产生了。

邻里关系很重要

我一直在想，小型饮食店，如果能做到街道上大家经常就诊的医生那样就好了。大家经常就诊的医生，既了解每一家的家庭结构，又对每个人的体质和老毛病了如指掌，因为从小就找他看病，也比较放心。患比较严重的病或原因不清楚的时候，还可以帮忙介绍大医院。这里的大医院，相当于饮食行业的大型酒店。

正如重要的家庭纪念日，选择在当地小型餐饮店庆祝，结婚典礼等正式活动则在大酒店举行一样。

因此，对小型餐饮店而言，与顾客清单同等重要的，是邻里关系。

他们是店铺徒步圈内的顾客，所以在店铺之外，也可以加深友好关系。

以 Delacera 为例，在步行三分钟的地方，住着顾客奥古先生夫妇。他们是 Delacera 的常客。某次我妻子牵着狗去散步时，奥古先生主动跟她打招呼而结识。奥古先生也养狗，所以有共同话题，大家聊得很投机，后来我也在散步时牵着狗去找他玩。

后来，奥古先生一家都来店里消费。不久，奥古先生还送来了手工制作的腌菜和自制香草。作为回礼，我有时候送他们一些不含农药的蔬菜，有时候去市场买鱼时打电话给他们，顺便帮他们买点鱼等。

奥古先生经常介绍朋友过来，还每年都来参加 Delacera 的法国节。现在更是经常过来，帮忙做些餐前准备和摆盘等工作。

植根于地方的小型餐饮店，口碑很容易传播出去。重视和当地的沟通交流非常关键，无关销售额和利润。

最近，发生了一件非常令人感动的事。Delacera 在 2006 年，作为志愿者，每个月为附近儿童保育机构的孩子们免费举办一次生日会。这个想法的初衷是，重视社会贡献，以及与当地人之间的接触，努力成为受大家喜爱的餐厅，这件事还上了当地新闻。

儿童保育机构，是出于某种原因不能与父母生活在一起的孩子们共同生活的机构。吃饭时都是用大盘子盛，而不是为每个人都盛一份。听说了这个情况，我就想让他们每个人单独吃一份食物，让他们体验一下生日的快乐，于是实施了这个计划。

其中有一场生日会给我留下了深刻印象。一个高中生男孩，经常照顾年龄较小的小朋友们。他是一位很有礼貌、很阳光的高中生。我还记得当时跟妻子说，“这位高中生乐于助人的品质在现在这个时代很难能可贵。真希望他踏入社会以后，再来我们的店"。

结果，在六年后的某一天。我们接到一个预约电话，预约人说"希望为女朋友庆祝生日"。当天，在上菜时跟这位顾客聊了几句。临走之前，他说"其实，六年前在儿童保育机构，我曾经接受过你们的招待，你们为我们举办了生日会。当时我非常开心，于是许下了一个愿望，就是参加工作后一定要再来"。

我和妻子瞬间目瞪口呆。然后，喜悦慢慢涌上心头。细问之下，原来是印象中那个乐于助人的高中生，感觉简直像是电视剧中的情节。

我想，这就是致力于植根当地社会的副产品吧。

倾听顾客的心声

接下来，我们来讲顾客清单的收集方法。在 Delacera，刚开始收集顾客清单时，是向大部分来店的顾客发放“客户心声卡片”，请顾客写下自己的心声。

现在清单已收集到一定程度，不再盲目发送，而是主要发给希望再次光顾的顾客。

原因在于，不投缘的顾客，名单毫无用处。给不投缘的人寄 DM 和促销单，也基本没有任何反响。

话虽如此，由于需要积累到一定的量，根据我的经验，向大家推荐以下方法：

①刚开始时，给到店的所有顾客发“客户心声卡片”，请他们填写。

②把填写了卡片的顾客，分为以下三组：A. 与店铺投缘的人；B. 感觉一般的人；C. 不太投缘的人。

③一定给 A 类顾客寄送 DM 和邮件杂志。B 类顾客则视活动情况区分寄送。C 类顾客什么都不寄送，或者只寄送不花成本的邮件杂志。

④当清单达到目标数量（小型餐饮店，3 个月内达到席位数量的 20 倍）后开始清理。狠下心来“删除○○个月未到店的顾客”，保持新鲜状态。

在 Delacera，我们会把握住顾客用餐结束的时机，说“感谢您的光临，有一个小小的请求，不知您是否方便”，来直接请求顾客的帮忙。作为回礼，赠送可供下次使用的优惠券等，顾客愿意帮忙填写的概率会上升。

项目多的话，顾客会觉得麻烦而不愿意填写，所以内容要尽量简洁。以姓名、住址、邮箱地址、电话号码、出生日期和感想栏为基本。

回收后，在客户填写完毕的纸上，记录顾客来店日期、来店次数、吃了什么菜品、结算金额、爱好、介绍者、谈话中印象较深的话题等。

此外，在感想栏处设置了只写“好的方面”的例文。以下是 Delacera 的事例（调查文章）：

您的肯定为我们带来无上的喜悦。所以，我们迫切需要倾听您的心声。

可以写来到 Delacera 真好，或在这里感到开心的事，什么都可以。对您而言微不足道的事，却是对我们最大的鼓励。可以写一段文字，也可以逐条写，也可以以插图的形式。我们迫切需要倾听您的心声。拜托您，我们发自内心地期待着。

请尽量写得具体一点，我们的喜悦会加倍。

例：在 Delacera 吃的○○特别美味，感觉很满足。

例：在 Delacera 喝过的○○很难忘！喝了感觉○○。

这份调查设置就是只写好的方面。找出优点，再从这里延伸出去，就会使店铺醒目起来。此外，还要请顾客写下担心的问题。

有时还能受到调查的启发，从中找到活动的宣传标语和创意。

收集这些可靠、确凿的声音，胜过任何一个优秀的咨询师的意见。因为这是来店里消费的顾客的意见。

把记录下来的个人信息和感想，输入 Excel 或 Access，或客户管理软件。这样既方便检索，又能在电脑上打印 DM 的收件人信息，效率会更高。

以这份顾客清单为本，寄送邮件杂志、DM、简讯。

我认为最重要的问题是，“您为什么在众多餐饮店中选择了Delacera？”

而这个项目，并没有特意放入调查问卷中。这个问题，我一直是在直接跟顾客聊天时问。因为顾客在回答口头提问时更容易说真话。对于纸质的调查问卷，由于有思考的时间，顾客会倾向于写好的方面。另外，直接提问，由于没有思考的时间，顾客更容易说出自己的真实想法。

如果不方便直接问顾客，请务必把这一项加入调查问卷中。

关于请顾客填写个人信息，请不要忘记添加一句说明，“我们会向来店消费过的顾客寄特殊通知和纪念日贺信。不会用于其他任何用途，如果您方便接收的话请帮忙填写一下”。传达了这样的说明后，即使寄 DM 和简讯也不会引起顾客不满。

▶调查问卷例

とみちゃんから
お願いがあります。

あなた様から嬉しい声をいただくと、私達は本当に嬉しいのです。だからこそ、どうしてもあなた様の声が必要なのです。
デラセラに来て良かったこと、嬉しかったこと、何でも結構です。
あなた様にとってみれば、ささいなことでも、私たちには本当に嬉しいのです。文章でも、箇条書きでも、イラストでも、一向に構いません。
どうしても、あなた様の声が必要です。ぜひ、お願いいたします。
こころから楽しみに待っています。

出来るだけ、具体的に書いていただけると嬉しさが倍増します。
例）デラセラに来て食べた○○がおいしくて
豊かな気持ちになりました。！

例）デラセラで飲んだ○○が忘れられません！
おかげで△△です。

★　お書きいただいた
お客様の情報は、お誕生日の
お祝い・イベントの案内に
使わせていただきます。

※あなたさまの声を、当店顧客に伝える場合は、どうすれば良いでしょうか？（口実名　口匿名）ならOK

本当にありがとうございます。

ふりがな			
お名前			
お電話番号		誕生日	年　月　日
ご住所	〒		
お誕生日の案内、料理レシピ等を送ります。許可いただける方はメールアドレスを書いて下さい。			
メールアドレス	@	結婚記念日	年　月　日

这是Delacera已连续使用五年以上的，
倾听客户心声、收集客户联系信息的卡片。

策划纪念日特别菜单和服务

纪念日菜单的制定方法，将在第四章进行详细说明，在这里仅作为前期准备简要说明。

纪念日菜单不同于普通菜单，必须体现出“特别感”。虽说制定一份新的纪念日菜单很耗费精力，但是不着手开始做，就永远无法推进下去。在这里，我向大家推荐一种方法。

即以现有菜单为基础，制定新的纪念日菜单和服务的方法。从现有资源中，抽取出来一部分加以整合，既能降低风险，又不用花费太多精力。

下面是在现有菜单上增加免费福利，从而制定出新的纪念日菜单的一个实例。当时 Delacera 的菜单中，有“入口即化的土豆炖牛肉套餐 3300 日元”和“福袋套餐 4000 日元”这两种套餐，在这些的基础上，添加了玻璃杯红酒、拍照摄影等七大免费福利，制定出新的纪念日特殊策划。菜品与现有菜品相同，操作也保持原样。只增加了免费福利。

但是，从顾客的角度来看，尽管菜品一样，由于增加了免费福利，又增加了作为附加值的特殊服务，就比较有新鲜感。

通过添加免费福利，将“日常餐”升级为“非日常的特殊餐”，是纪念日菜单被顺利接受的重要原因。

然后，又推出了高价菜单。当时，最受欢迎的单品是自制带骨火腿、肥鹅肝、伊比利亚猪肉。在这三种最受欢迎的菜品基础上，新引入了手长虾和巴马生火腿，以标价 7350 日元的“特级·用筷子吃的纪念日套餐”推出。这一命名也来源于顾客的心声。

这个套餐现在已成为最受欢迎的套餐。重点在于，对店铺现有资源中的现有菜单加以整合，来降低风险。然后，进展顺利的话，再添加新菜品和服务的组合，逐步升级。

请常客来担任免费评论员

自己反复试吃，达到满意的程度后，在正式推出菜品和服务之前，不妨请常客来免费试吃一下。在确定纪念日营销的主题思想时，选择三组常客作为预期对象。总之，最好选择你希望来体验这个纪念日策划的顾客，尽量选择离得近的顾客，来当评论员。

这一步骤的目的，是在正式公开前找出不完善之处和优点。在这个基础上进一步精益求精。

作为担任免费评论员的条件，需要顾客同意在店铺广告、宣传单、宣传册、博客、网站主页等媒体上面，作为促销手段，刊登出顾客的真实姓名、照片、感想等，用餐完全免费。

鉴于是常客，之前已经多次光顾过 Delacera，所以免费试吃也相当于给顾客的回礼。

此外，作为常客，他们经常介绍家人和朋友过来，以后这个成本能收得回来，而且会持续为我们增加收益。

参考担任免费评论员的顾客的意见，改进需要改善的地方，提高服务质量。这时，还要征求为顾客提供服务、上菜的员工的意见，让他们说出操作方面的问题，以及从顾客的表情中窥探到的感想，作为参考。

不断改善，直至令顾客完全满意，建议先回到原点。

现在，你终于站在纪念日营销的起跑线上了。接下来，就可以不断积累经验和业绩，打造出独一无二的纪念日营销了。

店铺不必重新装修。重新装修你的心灵和大脑，就可以开始实施纪念日营销了！

先从结论说起。当今时代，即使重新装修店铺，大多数情况下，也不敢保证能取得与装修费用相抵的销售额和利润。如果是 15 年前，重新装修店铺，发放微薄的小礼品、举办重装宣传等，还可以预见到能招揽 3 个月以上数额的顾客。这样能与装修费用相抵。

今时已不同往日，因物价剧降，导致销售价格变低，消费者已经习惯了低价，而且由于互联网的普及，人们很方便就能比较各种各样的信息，招揽顾客已不像以前那么容易。总之，很难获得与装修费用相抵的收益。

此外，开业一年以内就停业的新店铺越来越多了。听从事餐饮店备用品的同业者讲，新店能开满一年就算不错了，半年之内就停业的店也不在少数。这位同业者也不敢再像以前那样，免费赊冰箱和冰柜给餐饮店用了。

我在 10 年前经历销售额一落千丈，陷入低价销售而痛苦不堪时，也曾考虑过重新装修店铺。但是，由于拿不出来重新装修的费用，只好自己想办法尝试办促销、招揽顾客。

当时的我，很擅长为自己找出各种无法实施的理由。就连专家给出的意见以及从书中、网上获得的有用信息，都首先给予否定，找出许多无法实施的理由，根本就没有付诸实际行动的姿态。如今回想起来，在这样的状态下，店铺的经营情况不可能好转。

成功的人，采取的是相反的行动。我自从严肃地认识到，只要按照自己喜欢的样子去做，就算倒闭了也没有遗憾，就尽量不再否定地考虑问题了。

即使看起来完全做不到的事情，我也会想“同样的事情做不到，但自己的店换个不一样的做法，说不定能行”，并渐渐养成了这样的思考习惯。

把想法写在纸上，排列出优先顺序，逐一付诸实施。大脑中再怎么思考，如果不付诸实施，也不过是画饼充饥。

付诸实施后，相应地会有或好或坏的结果。然后再围绕这个结果验证原因。积累一些这样的数据，可以提高经验值，提高促销和招揽顾客的精度。我认为，只要店铺开一天，这项反复验证的工作就不能停。

就是这样让自己的内心重新奋发起来，心灵也朝着更加健全、更积极的方向努力，改装了自己的大脑和心灵。

其实，改装大脑和心灵，远比重新装修店铺更难。店铺的重新装修，只需付给装修公司钱就行，任何人都很容易做到。而改装自己的大脑和心灵，即使花钱学习了，如果自己没有下定决心做出改变，也只会无果而终。

但是，越困难，完成后的成果越大得惊人。可以说，纪念日营销的第一步，就是改装大脑和心灵。请务必在纪念日营销中，采取符合当今时代的、真正受到顾客喜爱的服务。

第3部分

从顾客发自内心喜欢的纪念日营销开始

现在就开始纪念日营销吧!

菜单制定好了，操作也确认好了。快来开始实施纪念日营销吧!

第1步　首先通过店内POP和DM通知现有顾客

纪念日专用菜品和服务准备好以后，首先通知现有顾客。不要立即花钱做广告或宣传单。

首先应该做的是，在店内张贴POP，以及制作可以让来店消费的顾客带回家的DM。手写的POP，更能让小型餐饮店显得温馨，刚开始时请试着自己写。这时，可以使用担任评论员的常客的照片和感想。

Delacera对写在POP和DM上的内容有明确规定。项目相同，写的内容因对象而异，根据顾客和不同时期而调整。

①宣传标语

·○月出生的你，万万不可错过的一个好消息→每月，向当月生日的顾客直接发送。

·妻子送我了一枚金牌→直接使用了来庆祝结婚纪念日的顾客的原话。发送给夫妻顾客。

·曾经不知道选哪里好，选了 Delacera，真是太棒了！→使用了顾客的原话。给初次到店、内心忐忑的顾客一份安心感。

·经历了 13 次失败，终于打造出了自己也想庆祝一番的纪念日套餐！→传达了店方辛苦开发的诚意。刚开始实施纪念日营销的店铺也可以用。

②为什么开始

在传达店主和员工想法的同时，传达开始做纪念日营销的初衷。

·多次听到来本店庆祝生日的顾客说，“希望让更多人开心”，于是推出了附送免费福利的套餐。

·我本人、妻子在纪念日的笑容令我久久难忘。

·希望再现幼儿园时期庆祝生日的那份快乐回忆。

就像这样，把你开始实施纪念日营销的原因写在纸上，并传达给顾客。

此外，③菜品照片、④顾客的照片和心声、⑤纪念日策划的详细内容、⑥写明预约方法（如果是通过电话或传真预约，把电话号码写得大一点、清楚一点。如果是通过主页预约，则把 URL 或搜索关键词写清楚）。

第 2 步　向顾客清单上的顾客寄送 DM

如果这个阶段已经有顾客清单了，就试着制作 DM 寄给顾客。这里也可以使用评论员的照片和感想。

只要跟日本运输和邮政签好协议，打一个电话，工作人员就会过来取件，非常方便。

关于寄送 DM 的时机，如果知道顾客的生日或其他纪念日，让顾客在纪念日的 2～3 周之前收到，反响会比较好。这是 Delacera 实践下来的结果，大家也可以积累一些时机方面的数据，找出对自己的店而言反响最好的时机。

由于每家店的单价和服务不同，可能这个时机也不一样。请务必问一下因 DM 到店消费的顾客，“为什么看到这份 DM 后愿意来店体验一下呢？”恐怕会有很多人有相同的回答，那么，就把这个原因运用到今后的促销中。DM 也需要反复修改，以不断提高精准度。

第 3 步　利用主页、博客、Facebook、Twitter 广而告之

Delacera 每 2～3 天更新一次博客，Facebook 则基本上每天都更新。更新的内容，主要包括以下这些。

· 菜品照片。前期准备时的样子，成品的鱼、肉、蔬菜

▶DM（正面）

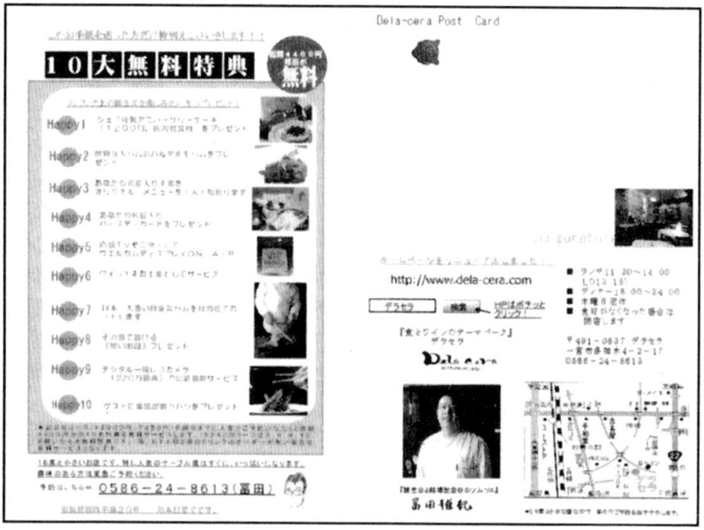

Dela-cera Post Card
10大無料特典
無料
Happy1
Happy2
Happy3
Happy4
Happy5
Happy6
Happy7
Happy8
Happy9
Happy10
http://www.dela-cera.com
デラセラ
検索
『食とワインのテーマパーク』
デラセラ
0586－24－8613（冨田）

▶DM（反面）

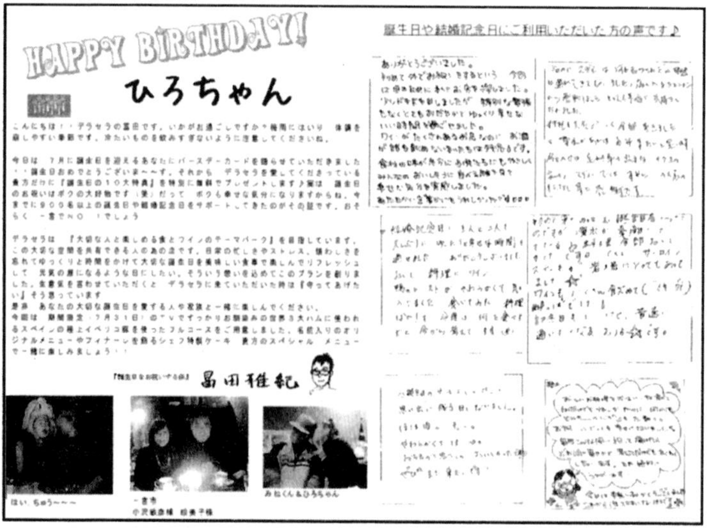

HAPPY BiRTHDAY!
ひろちゃん
こんにちは！・デラセラの冨田です。いかがお過ごしですか？梅雨にはいり　体調を崩しやすい季節です。冷たいものを飲みすぎないように注意してくださいね。
今日は　7月に誕生日を迎えるあなたにバースデーカードを贈らせていただきました・・誕生日おめでとうございま～～す。それから　デラセラを愛してくださっている貴方だけに『誕生日の10大特典』を特別に無料でプレゼントします♪僕は　誕生日のお祝いはボクの大好物です（笑）だって　ボクも幸せな気分になりますからね。今までに900名以上の誕生日や結婚記念日をサポートしてきたのがその証です。おそらく　一宮でNO　1でしょう
デラセラは　『大切な人と楽しめる食とワインのテーマパーク』を目指しています。この大切な空間を共有できる人のあの店です。日常の忙しさやストレス、煩わしさを忘れてゆっくりと時間をかけて大切な誕生日を美味しい食事で楽しんでリフレッシュして　元気の源になるような日にしたい。そういう想いを込めてこのプランを創りました。食事会を喜ばせていただくと　デラセラに来ていただいた時は『守ってあげたい』そう思っています
是非　あなたの大切な誕生日を愛する人や家族と一緒に楽しんでください。
今回は　期間限定（7月31日）のTVですっかりお馴染みの世界3大ハムに選ばれるスペインの極上イベリコ豚を使ったフルコースをご用意しました。名前入りのオリジナルメニューやフィナーレを飾るシェフ特製ケーキ　貴方のスペシャル　メニューで一緒に楽しみましょう！！
富田稚紀
誕生日や結婚記念日にご利用いただいた方の声です♪

照片

·前期准备过程。包括早起去市场采购、去肉食加工厂参观

·庆祝纪念日的照片和轶事（征得顾客同意后晒出的照片）

·研制菜单的秘密

·失败经历

·个人生活

更新博客和 Facebook 的目的，是诱导顾客到 Delacera 的主页上预约用餐，以及发送每天的最新消息，让 Delacera 成为他们记忆的一部分。当有需求产生时，就会立即想起 Delacera。

我正在使用的 WebService，包括免费的 Facebook、博客、Twitter、Mixi、美食日志这五种服务，以及付费使用的雅虎搜索美食信息、美食导航和本店主页。

与博客链接起来，Twitter 和 Mixi 也同时自动更新。

问来 Delacera 用餐的顾客，为什么会选择 Delacera，最多的回答，是照片中的顾客看上去很开心，菜肴看起来很美味。所以，无论是主页还是博客上，都刊登了很多这类照片。

第 4 步 使用令人食欲大开的菜品照片，提升诉求力！

因为是餐饮店，顾客最重视的是菜品。前面讲过，Delacera

的客单价之所以翻了四五倍，美味菜品照片发挥了很大作用。我也从事菜品拍摄，使用单镜头反光照相机和闪光灯，花时间拍摄成品菜。准备一些让人食欲大开，忍不住想吃的菜品照片，用美味的菜品照片唤醒观看者的右脑，启发观看者的想象力，再加以具体的文字说明。

现在的手机摄像机，性能非常好，可以拍出不逊色于数码相机的照片。我使用的是苹果公司的 iPhone4S，经常用它拍菜品准备过程和厨房、爱犬、生活照。想在 Facebook 和博客上实时发表内容时，使用手机拍照非常方便。而需要体现特别感时要使用单镜头反光照相机认真拍摄。

我感觉，在小型餐饮店，很多人会花很多时间学习烹饪，却很少有人学习拍照技术，即如何把美味菜品拍得看起来美味。当然，一直待在第一线，也很难抽出这样的时间。

但是，抱着满腔热情好不容易做出来的菜品，刊登出来却不怎么吸引人，这样的情况很多。其中，有的照片还不如不刊登出来。

我切实体会到，刊登出来的菜品照片，有助于提高销售额和客单价。必要的情况下，也可以考虑请专业摄影师帮忙拍摄菜品照片。

此外，还有可以美化照片的免费网站，可以把菜品照片修饰得看起来很美味，也不妨一试。当你体验过自己拍出来的照片看起来很诱人，就会明白照片的重要性，但是，如果原来的照片状态非常差，也不可能戏剧性地变好。仅限于调亮照片亮度、强化色调、提高清晰度的程度。

变得超美味！http://foodpic.net/

纪念日营销招揽顾客的方法

第 1 步　赠送顾客下次来店时的优惠和介绍礼

来店消费过的顾客不再来的首要原因，是忘记了你的店。所以，必须想办法让顾客想起你的店。

Delacera 会赠送给顾客可供下次使用的优惠券和介绍卡。夹在让顾客带回去的菜单和宣传单里面，同时直接说明一下效果会更好。

Delacera 会赠送顾客可供下次和以后使用的“自用特价券”这种打折券。另外，还制作了用 A5 纸折起来的可放在钱包里面的优惠券，用于回馈介绍者。因为有来店的顾客询问，想介绍给其他人，有没有什么可以交给被介绍人的东西，所以特意制作的。当谈话中提到 Delacera 时可以立即从钱包中拿出来送给对方。

第 2 步　写有顾客名字的菜单和纪念摄影

顾客最喜欢店铺员工记得自己的名字。

在 Delacera，有的套餐会为每位顾客准备一份写有顾客名字，且可以带回家去的菜单。写有名字的菜单中，会夹着折起来的菜谱和简讯。

此外，为每人拍一张纪念照，并把照片作为礼物送给顾客。

拍摄纪念照时，最重要的是欢快的气氛。要拍摄到顾客灿烂的笑容。在 Delacera，我们会准备点燃了蜡烛的蛋糕，并让顾客戴上好玩的生日帽，让所有人一眼就看出来是庆祝的照片。大家一般不会戴好玩的大生日帽，起初会有点不好意思，慢慢就会恢复童心、乐在其中了。甚至还有一位 88 岁的老爷爷很开心地戴着回家了。顾客一般会忍不住让家人或朋友看自己戴着生日帽的照片，而这会起到口口相传的效果。

一边跟顾客说着话一边举起相机，可以拍到顾客自然的表情。尤其是年轻人，只要一说“好，亲一下脸颊!”，大部分人都会照做。并且，有趣的是，亲吻脸颊的照片获得被上传至博客许可的概率非常高。

第 3 步　用可以免费制作的动画烘托效果

还有使用照片制作成动画的方法。Delacera 使用 Commercialize 和 Windows live movie maker 这两种软件制作动画，并用在本店的主页和博客上。无论哪一种，都是只要准备好照片，就能添加各种各样的效果和音乐，非常实用。

动画比照片的冲击力更大，把纪念日的场景推送给右脑（通常认为，右脑主要负责空间形象记忆、直觉、情感、身体协调、视知觉、美术、音乐节奏、想象、灵感、顿悟等，思维方式具有无序性、跳跃性、直觉性等），很容易让人产生相关联想。

而且，如果把顾客的照片做成动画，拷贝在 DVD 中送给顾客，顾客就可以和家人、朋友在家里的大电视屏幕上一起观看了。没来过 Delacera 的人，看了这个动画一定会想来，又起到了口口相传的作用。

Commercialize　http://cmizer.com/

Windows live movie maker　http://windowslive. jp. msn. com/moviemaker.htm

第 4 步　先试试小额的付费广告

做到第 3 步之后，就可以尝试做一些付费广告和宣传页了。餐饮店在纸媒上做广告的效果比较好，可以首先从低预算、5 万元以内的广告做起。

Delacera 试了各种各样的纸媒，试下来的结果是，当地免费报纸上的广告效果最好，于是就在那里投放了广告。我认为，这对将店铺植根于当地非常有效。

第 82 页中，是 Delacera 已多次使用过的广告。发现了这个经过无数次试验，效果都比较好的版本，所以一直以这个版本为基础。结合季节需要和顾客的心声，做一些细微的调整，并不断改善。

接下来，我来讲一下制作广告时的要点。

1. 宣传标语

宣传标语如果没有冲击力，人们就不会读广告内容。关键在于，要引起人们的兴趣，“嗯？这家店是做什么的？”让人们愿意接着读具体内容。宣传标语决定着你的广告是会被阅读，还是被忽视。所以，即便委托给制作公司或广告代理公司，宣传标语也一定要自己想。说出你的店的特色所在，你的店独一无二的服务和菜品的宣传标语，都不错。

还可以从顾客的心声中，找一找能够作为宣传标语的评论。找出能够吸引有意向庆祝纪念日的顾客的视线，能够让他们愿意读一读内容的宣传标语。

2. 优惠

优惠，指的是对顾客有利的信息。写出如果选择来本店庆祝纪念日，会获得什么样的体验，有没有可取之处。

Delacera，最初从七大免费福利开始，发展到现在的十大免

▶广告制作的要素

❸令人食欲大开的菜品照片
❷优惠
❶宣传标语
❹正文
❻菜品和服务内容
❺优惠券
「記念日コース」10大特典
総額4,400円相当が無料！
①アニバーサリーケーキ（1,200円相当）プレゼント！
②パルマ産生ハム（1,200円相当）無料
③貴方だけのオリジナルメニュー表作ります！
④ボトルワイン1本無料
⑤ネーム入り記念日カードプレゼント！
⑥デジタル一眼レフカメラで記念撮影サービス
⑦ゲストに金箔の箸プレゼント！
⑧自分で描ける「思い出の皿」プレゼント！
⑨店頭モニターにてウェルカムディスプレイON AIR
⑩日本一！大きな自家製ハム
テーブルカットにて無料サービス
bar@dela-cera.com
11:30～14:00（予約のみ）
18:00～23:00
木曜　16　8（共同）
0586-24-8613
デラセラ
検索
誕生日·お祝い専門レストラン
デラセラ
日本で唯一!?誕生日と結婚記念日のお祝いレストラン"デラセラ"。
「手間とコストがかかっても美味しい料理とお祝いを」と考える富田オーナーシェフ。昭和天皇の料理を担当したシェフの元で修業をした腕前はお墨付き。ボーナスを使ってデラセラでしか味わえない料理と時間を大切な人へご褒美としてプレゼントしましょう！
【昼夜OK】
5,000人以上が利用した
お箸で食べる
記念日コース
お一人様5,250円
※オードブル5種盛り※自家製日本一大きなハムサラダ※無農薬じゃがいもの網包み焼き※選べるメインディッシュ（10種より1種選択）※お好みのパスタ※パン盛合せ※デザート盛合せ
デラセラ
0586-24-8613
お箸で食べる記念日コース10大特典
4,400円相当→無料
有効期限　2011年8月31日

费福利。目的是，七个以上的话，可以给人造成“有很多免费福利”的印象。设置成无法简单记住的数量，稍微混乱一点，来引起别人的注意。

3. 让人食欲大开的菜品照片

纪念日营销的菜品照片，把插着点燃的蜡烛的蛋糕也拍进去，诉求力会更高。此外，把福利内容中的信息卡和顾客的照片，与菜品和希望客人一起点的红酒、饮品也拍进去。为了制造气氛，把鲜花和礼物等小东西一起拍进去效果会更好。

背景颜色也需要注意。如果广告语与其他店的广告刊登在同一个页面——基本上，一个页面要刊登四则以上不同店铺的广告——菜品照片大多会选用米色等暖色系作为背景色。有时候为了醒目，我会大胆使用蓝色等冷色。这样一来，会非常引人注目。

纪念日的话，原本比较适合粉色等暖色，与其他店混登在广告媒体和纸面上时则要避免使用，这也是一个技巧。想体现高级感的话，黑色也非常醒目。

自己拍摄菜品照片的话，需要把相机内置的闪光灯关掉，把菜品放在窗边，在晴朗明亮的自然光下拍摄。如果相机内置的闪光灯发光，会令菜品失去立体感，无法拍出诱人的照片。

4. 正文

对你的店的 USP（Unique Selling Proposition，成为“卖点”的特征）和使用动机、使用场景，以及只有在你的店才能获得的体验进行说明。

正文中，写出可使用的具体的纪念日。例如，在 12 月至 1 月期间发行广告的话，可以写“送给 12 月至 1 月出生的你的十大特惠大礼”。还有“结婚纪念日，放下孩子，尽情享受夫妻二人的温馨悠闲时光”“新年伊始，一起为爷爷奶奶庆祝八十八岁寿辰或七十七岁寿辰吧”等纪念日。除此以外，还可以添加开业○年、每天限量○组等店铺特征相关的内容。

5. 优惠券

Delacera 为希望前来预约用于庆祝纪念日的“用筷子吃的纪念日套餐”的顾客，提供“十大免费福利”，以此来吸引顾客。此外，附送折扣优惠券的话，会有你本不欢迎的“折扣控”冲着折扣来，所以为使用优惠券设置了三个使用条件。

①人均需点两杯以上饮品。这是因为如果顾客只消费菜品和水，还要使用免费特惠，不可能创造任何利润。

②现金支付。如果用信用卡支付，需要花手续费，而且要在一个多月后才能入账。考虑到资金周转问题，设置了这个条件。

③不可与其他特惠同时使用。

6. 菜品和服务内容

请务必多在策划和菜品命名上花些精力。最简单易懂的就是最好的。杂乱无章、不知所云的名字 NG。此外，还可以加入“生日”“结婚纪念日”“庆祝”等关键词。

Delacera 把重视价格的套餐叫作“用筷子吃的纪念日套餐 5250 日元”，把重视内容的套餐叫作“特级・用筷子吃的纪念日套餐 7350 日元”，把重视满意度的套餐叫作“用筷子吃的纪念日大礼套餐 12000 日元”。

通过加入“用筷子吃”，可以让人一看就明白，也适合不习惯西餐礼仪的年长者前来用餐。

通过统一命名为“纪念日套餐”，让人一看就明白，这是适合用于纪念日的菜品。

广告的基本版本确定下来后，就可以重复使用了，同时倾听顾客的心声，重新推敲新的使用动机、菜品和服务等，一定不会是太离谱的广告。

我以前也用偶然的想法推出过广告，版本确定下来后，效果有了实质性的提高。

此外，广告推出以后，最重要的事莫过于效果测定。如果不测定销售额对应这笔广告费上升了多少，就无法判断广告的结果。我的效果测定很简单，即“广告费 vs 营业利润”。

所谓营业利润，是从营业额中扣掉成本、房租、人工费、电费和煤气费、设备租赁费后所剩的部分。小型餐饮店的营业利润大多在 15%～20% 范围内，这里为了便于理解，按照 20% 计算。

比如，广告 A 花费了 5 万日元的广告费，广告带来的营业额是 10 万日元。营业额高于广告费，所以看上去好像是成功的，但营业利润是营业额的 20%，只有 2 万日元。营业利润明显低于 5 万日元的广告费，所以广告 A 是失败的。

广告 B 和广告 A 一样，也花了 5 万日元的广告费。广告带来的营业额是 40 万日元，营业利润是 8 万日元。营业利润高于广告费，所以广告 B 是成功的。

与此同时，如果营业利润等于广告费，我也认为它是成功的，下次还会使用相同的广告内容。

如果像广告 A 那样失败了，我会推测并验证是哪个环节出了问题。把失败的原因一个个击破、修正，下次再出稿时失败的概率会低得多。

但是，成功过的广告，在不同时期也有可能失败。

最重要的是，测定广告带来的营业额，推测并验证成功和失败的原因，然后运用到下一次的广告中。

小型餐饮店，没有像大型企业那样可以在电视上做广告的充裕广告费。既然没有费用，就只能充分发挥自己的能力。

预约时的必问事项

纪念日营销，我建议尽量采取预约制。当天来店后再开始准备，工作量会很大，也会出现材料和资材不齐全的情况。

采取预约制，既能提前做好菜品的准备工作，服务准备也会更加周到。准备充分的话，员工们也会比较从容，可以提高服务质量，进而提高顾客的满意度。这样还有助于吸引回头客，有助于口口相传、互相介绍。

Delacera 在接受预约时必问的事项有以下几个。

· 问使用目的

每当接到预约纪念日菜单的电话，我们会问："您是为了庆祝什么吗?"知道是为了庆祝纪念日后，先在电话里说一句："恭喜您!"表示祝贺。

然后，如果是为了庆祝结婚纪念日或恋爱纪念日，会问是第几年。如果是第一个结婚纪念日，说一句："结婚纪念日快乐!"并说出结婚年数的纪念日名。如果是生日，则不主动问顾客的年龄。尤其是女性顾客（主角）的话，更没有问的必要。

如果顾客主动说，有时也会在信息卡和菜单上写上年龄。

·是通过介绍还是广告，问顾客前来预约的原委

问顾客到本店预约的原委。新顾客的话，一般有主页、广告、宣传页、别人介绍等，来店原委五花八门。

其中占比例最大的渠道，可以多花一些促销费用。这样一来，招徕顾客的效率会提高。

·除了顾客的名字，还要问同行所有人的名字

问清楚主角和同行者的名字，就可以在菜单和信息卡上写上名字了。写有自己名字的东西，被带回去的概率很高，也便于口口相传和介绍给其他人。

·问不能吃的食材

提前问清楚不能吃的食材，顾客也能安心来店用餐，还能提高店铺的信誉。顾客来店之后才告诉我们不能吃的食材，有时候难免无法对应，重新做的话还要费两遍工夫，无论食材还是时间都是损失。

我常年举办纪念日营销，失败后把自己的反省、需要注意的地方总结起来。今后准备实施纪念日营销的读者，需要一开始就注意这一点。

一定要时刻牢记，纪念日需要有特别感。

· 纪念日菜品切忌量少

庆祝场合，菜品量少的话，满意度会急剧下降。浏览餐饮店的点评网，发现关于关于菜量小的负面评论很多。

Delacera 在制作菜品计划时，遵循让一般食量的顾客能吃饱，甚至多到吃不完的程度。

与家里的就餐环境不一样，而且是纪念日，气氛热烈，食欲也随着增加，平时食量小的顾客也能吃很多，这种情况非常常见。所以，要坚决避免菜量过少。

如果有顾客因为菜量过大吃不完而担心，可以告诉他“剩下来也没关系。您不必担心”。

让顾客感受到安心感、安全性、体面感，这些吃完饭还忍不住炫耀一下的要素，在质和量两方面演绎出特别感。

· 注意座位与餐桌之间的间距和 BGM（背景音乐）

如果餐桌过小，或者与相邻座位离得太近，彼此能听到邻桌的谈话，则不太好。尤其是客单价超过 5000 日元的店，一定要注意。顾客感到太挤的话，满意度会急剧下降。

如果与邻桌之间的间隔太小，连穿过去都费劲、顾客会连去下化妆间都要犹豫不已、能听到邻桌的谈话的话，无论用餐还是谈话都无法集中精力，会给人造成精神压力。此外，当员工来上菜或撤盘子时，顾客会更加感觉挤得难受。

每道菜所需盘子的尺寸也不一样，如果只上了两三道菜和一种饮品餐桌就被占满了，也会令人感觉拥挤。

这样的情况下，可以把两张餐桌拼起来，或者尽量不往邻桌安排顾客，把邻桌空起来，摆上鲜花和信息卡等作为装饰，努力营造出空间宽敞的感觉。这项工作能大幅提升顾客的满意度。

Delacera 以前共有六张餐桌加一个收银台，自从庆祝纪念日的需求增多以来，又撤掉了两张，变成了只有四张餐桌，以便扩大餐桌之间的距离。即便如此，营业额也并未下降，反而提高了顾客的满意度和客单价。

BGM（背景音乐），适合纪念日的有爵士乐、波萨诺瓦舞曲和古典音乐。这些乐曲中加入了和音成分，比较能扣人心扉，而且能让人心情更加愉快。

BGM 因每家店风格而异，很难统一，建议在有人包场和只有常客在的时候多做尝试。

· 注意避免用夸大和让人产生过高期待的文字

这是 Delacera 的一个失败案例，在刚开始做纪念日营销时，为了显得好看，用过比实际菜品摆盘更加豪华的照片，以及如“胜过高级饭店”的文字，而遭到过顾客投诉。

这样一来就会失去顾客的信任，差评传播开来，反而导致缺点被无限放大。当然，也不可能产生回头客。所以，现在会把能做到的和不能做到的都写清楚。

在主页和博客最显眼的位置，写上“我们无法提供高级饭店那样的服务。这是一家让你像回到家里一样放松的餐厅，请不要有过高的期待哟。拒绝招待只喝水和只喝饮品的人”，就不会让人提高期待值。

努力进步是好事，但说大话和过于夸张，反而会导致缺点被放大。只有在当天提供超过顾客期待的服务，才能产生回头客。

·把免费福利也计入菜品成本

Delacera 为了体现纪念日菜单的特别感，准备了十大免费福利，尽管设有使用条件。

实际上，说得好听一点是福利，但福利的成本也要计入菜品成本。

所以，Delacera 一直结合菜品和福利的成本来设置纪念日菜单的价格。这样做，可以保证获得适当的利润。

福利，是 Delacera 的主题思想之一，想法就是，如同在家一样放松的空间和服务完美结合，不占用很大成本，不用多花时间和精力，看上去也不华丽，却能令人感觉到温暖的一种福利。

关于福利的内容，可以从第 5 章中找出能利用的服务，把它向适合自己的店的方向改造，做成符合店铺主题思想的内容。

·演绎出顾客所期待的氛围

庆祝纪念日的顾客，比一般的顾客更期待特别感。所以，不能提供与一般顾客一样的服务和菜品。毕竟，没有特别感的话，顾客就无法产生消费动机。

首先，请思考一下你的店用于庆祝纪念日时，是舒适安静地度过，还是很多人热热闹闹地度过。无论哪一种情况，都至少要保证与邻桌之间有 80 厘米的间距。年轻顾客较多，气氛比较热闹的话，最好能准备单间。

话虽如此，现实状况是既无法设置单间，也无法减少桌位数。

这种情况下，不妨索性推出人数少也能包场的方案。Delacera 就是店面很小，既无法设置单间，也没有禁烟席。如果有人问到有没有单间，我们会告诉对方两人以上就可以包场，可以把整家店都作为单间包给顾客。

现在，Delacera 的午餐时段，如果没有预约就不营业。所以，没有预约的话，营业额就是零。于是，我想出了一个方案，即两人以上预约最受欢迎的那款每人 7350 日元的套餐，就能改成包场。

现在，尤其是晚餐时段谢绝来用餐的带幼儿的家庭，定下婚约的两家人的聚餐、庆祝男孩节或女孩节等节日的人越来越多了。尤其是两家人聚在一起的活动，人数大都超过 6 个人，营业额也会增加。

这个方法，对席数 20 席以下的店非常有效。而单价较高的纪念日营销，则作为其他店无法模仿的一项服务，成为一大优势。

这样一来，就可以把一般的顾客和庆祝纪念日的顾客区分开来，特殊对待庆祝纪念日的顾客。

· 有时需要有拒绝的勇气

以前的我，在员工较少、操作困难的情况下，只要有空位就安排顾客入座。

结果，导致上菜和上饮品的速度变慢、上的菜也差强人意这种最恶劣的情况。到头来，顾客生气地离开或提出投诉，我自己也陷入了消沉的恶性循环。这类事情，想必从事餐饮工作的读者们都经历过吧。

原因在于，接待人数和承担的工作量，已超过自己和员工能承受的上限。

假如，在超出上限之前婉拒顾客会怎么样呢？

超出上限时，如实地告诉顾客，虽然有空位，但服务跟不上，作为赔礼，送顾客一张可供下次到店时使用的优惠券，请顾客下次再来。这样做，既能让店内运营保持从容，又不至于遭到顾客投诉。也向婉拒的顾客充分表达了诚意。实际上，Delacera 自从采取了这一方法，就能够带着一份从容提供令顾客满意的服务了。

把事情讲清楚，大部分顾客都会给予理解。如果硬着头皮接待，给顾客带来不愉快的体验，顾客绝对不会再来第二次。相比之下，用这个方法，让客户下次还来的概率要高得多。小型餐饮店要重视提高顾客满意度和顾客回头率。

· 有其他顾客在场的时候需要注意什么

最后，基于我 25 年来餐饮业的从业经验，向大家传达以下三点注意事项，这是所有店都会遇到的问题。

第一，对于带小孩的顾客。有的店接受，有的店则明确拒绝。Delacera 当初也接受带婴幼儿的顾客，但有其他顾客抱怨“难得的纪念日，想着来好好放松一下，却被小孩的哭闹声吵得兴致全无，再也不想来了”。

如果这家餐厅倡导带着孩子一起庆祝纪念日，自然没问题，但对于主要招待大人的店铺而言，缺点则很明显，所以我决定，谢绝带着小朋友和婴幼儿来就餐的顾客，因为小朋友往往无法和大人一起安静用餐。作为补偿，向带婴幼儿的顾客，推荐午餐时段两人以上可以包场的方案。体验过包场方案的带婴幼儿的顾客，还给出了“不用担心孩子吵闹，很放松”的好评。

第二，关于坐轮椅到店的顾客。我想，小型餐饮店大都不具备无障碍设施。Delacera 也不具备。以前，有坐轮椅的顾客到店，接受预约时就明确说明了有台阶，过道也比较窄，可能不太方便。顾客到店后，果然很吃力。

从那以后，仔细说明情况后，对面有难色的顾客委婉拒绝，向他推荐其他具备无障碍设施的店。但是，如果是常客或经常来店的熟客，则能理解现实情况，仅限于接受这些顾客的预约。

第三，关于浓烈的香水味。浓烈的香水味不仅会掩盖住菜品的香味，还会给其他顾客带来困扰，非常令人头疼。在预约时，或者在店铺里明确规定，不允许带着浓烈的香水味进店。

如果还是有这样的人进店，那么有单间就安排单间，或者仔细说明情况后，请顾客到化妆室处理一下，让香水味淡下去。

在员工教育和待客服务方面多花心思

由于纪念日营销需要体现特别感，所以要多花心思。顾客消费金额和满意度的提升，与店方对顾客的关注度、在服务方面所花的心思成正比。并且，顾客会成为店铺的忠实粉丝，或介绍家人和朋友过来。

当员工总是做同样的菜品，提供同样的服务，会因为对工作产生惯性，而变得一成不变，无法提高动力。因此，做纪念日营销，还有这样一个优点，即通过销售高额菜品，激发员工工作动力，加强员工学习意识。

实施纪念日营销时，员工教育中最重要的一点，是“彻底明确为了谁制作纪念日菜品，为了谁提供服务”。这一点明确后，员工就能自主思考服务的优先顺序了，也能清楚如何招待顾客会使顾客愉快。

在庆祝纪念日时，重点有以下两个。

①意在让客户获得愉快的美好记忆。“只要把菜品和饮品端给顾客就行了”，有这样的意识的员工，是无法胜任纪念日营销

的待客工作的。

②不要难为情。说出顾客的名字，大声对顾客说“祝贺”，为顾客唱生日歌等，这项工作包含了不同于普通工作的因素。这时员工如果难为情，顾客会觉得很扫兴。

对小型餐饮店而言，像家一般的氛围是一大武器。以与顾客一起开心庆祝的心情，去接待顾客，这一点非常关键。

店长或经理等责任人率先投入进去，员工也会模仿着参与进去。首先，要做好榜样。

不要让新来的兼职员工或经验不足的员工，接待来庆祝纪念日的顾客，虽然这样做不一定正确。

与此同时，在 Delacera，我会最大声地唱歌，甚至把周围的顾客也调动起来一起唱，来制造气氛。

第4部分

纪念日菜单的制作方法，努力提高客单价和满意度

松竹梅和希望谁来吃，是菜单制作中的基本

考虑纪念日菜单时的重点在于，让顾客在你的店度过一个开心的纪念日，为平淡无奇的生活增加一点温暖和活力。演绎出日常生活中体验不到的非日常因素，这一点非常必要。

小型餐饮店擅长的是，倾心于价值，不被流行左右，提供旨在提高满意度的菜品和服务。

在这个基础上，把纪念日菜单分为松、竹、梅三种。刚开始可能会比较困难，但可以先从一种开始，成功招揽顾客后再逐渐增加。

把“竹”作为主力产品，准备三种的目的，是多卖出一些“竹”，让顾客觉得竹比较优惠。例如，Delacera 这样设定：

【梅】吸引顾客的纪念日套餐。价格最低、适合新顾客。第一次来店的顾客，常点的一个作为尝试的套餐。Delacera 5250日元的套餐，三个套餐中成本最低、利润最高。这是一种价格

优先的套餐，虽然不是十分考究，面向希望开心度过纪念日的顾客，目的在于让他们以后来预约竹和松套餐。

【竹】主力纪念日套餐。三个套餐中性价比最高。Delacera 7350 日元的套餐，内容优先，使用平时吃不到的食材，菜品满意度比入门套餐更高。

【松】最倾心的纪念日套餐，三个套餐中最贵的一种。Delacera 使用了世界三大珍味，打造出更强的特别感。三个套餐中成本最高，占 40%～50%。Delacera 推出了 12000 日元的单人套餐和 21000 日元的双人套餐。内容优先，无论菜品内容还是服务，都比其他套餐更突出。还能令顾客体验到优越感。

接下来，我们按先后顺序来梳理一下纪念日菜单的制作步骤。

第 1 步　从顾客心声，发现格外受欢迎的菜单

1. 调查过去三个月的点单情况，找出最受欢迎的菜单

首先，分析过去三个月的记账单。分别统计菜品和饮品的点单数量，以最受欢迎的菜品和饮品为基础，来制定纪念日菜单。

因为这些畅销了，延伸产品受欢迎的可能性会比较高，风险也较小。

刚开始时，也可以把点单数第一名至第三名的菜品、饮品两两组合。

不过，仅这样缺乏特别感，不足以吸引顾客来庆祝纪念日。这种情况下，哪怕只增加一道新品也行，专为新纪念日菜单开发的新品。

2. 找出“出乎意料”受欢迎的菜单

接下来，找出虽然价格高，却意外受欢迎的菜单和点单量高的商品。

讲一个发生在 Delacera 的真实案例。在刚开始做纪念日营销时，1800 日元的套餐占主流。按照订单数从大到小的顺序写

出来，发现主力套餐之外的单品中，肥鹅肝、炖牛肉、牛排、自制带骨火腿、戈尔贡佐拉（奶酪）斜管意面都很受欢迎。

当时的客单价是3000日元，单品基本都在1000日元以内，而价格为1800日元的戈尔贡佐拉（奶酪）斜管意面，竟然拥有很高的人气，这令我非常意外。连做菜的我本人，也感觉只是偶尔会有一个订单而已。此外，顾客调查问卷中，很多评论都说，这是满意度最高的菜品，一般是在其他店吃不到的。

于是，我们把单品组合起来，放入新推出的“用筷子吃的纪念日套餐”中，在菜单上插入大幅照片，竟一下子变成了人气菜单。当时的我着实震惊了，我一直任性地认为，高价商品不好卖。以这件事为契机，我发现即使价格高，只要令顾客感到满意也能卖出去，这才意识到自己之前的想法存在陷阱。

纪念日是特别的日子，依然吃之前点过的菜品，几乎感觉不到特别。于是，我大胆采用高级食材。高级食材不仅显得豪华，也的确好吃。所以，顾客满意度会提高，奢侈感会上升。先用少量作为装饰配品等，来观察顾客的反应，然后逐渐加大用量。不过，考虑到有的店压根不会使用这些食材，这种情况下，可以尽量选择稀有食材，或者之前一直用市售成品做菜的话，可以改为纯手工制作，以制造特别感。

在Delacera，火腿、干鱼子、香肠、熏鲑鱼等烟熏制品我一直是自己手工制作。虽然比较费事，但与成品相比，成本要低得多，利润自然就高了。而且，味道也很棒，远远超过市售成品。

3. 从客户调查问卷中，找出纪念日营销的宣传标语

阅读客户的调查问卷，你会发现，有许多一样的感想和支持原因。

许多人有相同的感想，或持有相同的意见，意味着如果让更多的人知道这一菜单，会有更多人支持这个菜单。

所以，把支持原因和感想，原封不动地做成宣传标语，作为纪念日菜单的“卖点”，比自己思考轻松，而且因为来源于顾客的真实感受，顾客的反响会更强烈。

举一个 Delacera 的例子，吃过肥鹅肝的顾客感想中，“比在结婚典礼上吃的肥鹅肝好吃”这样的评论出现了多次。细问之下，发现很多人都觉得，在结婚典礼上吃的肥鹅肝既腥又油腻。所以，“无腥味，又清爽”成为 Delacera 肥鹅肝的一大“卖点”，于是我直接把这句话作为宣传标语了。

第2步　把菜品和服务打包起来

1. 研发新菜单时，使用其他店不用的食材

对现有菜单加以整合来做纪念日菜单，是基本，但添加新菜单，会更有冲击力，诉求力也更高。

我特别注意的是，使用其他店不用的食材，不使用市售成品。

其他店不怎么使用的食材，大多数情况下就是高价的食材。使用高级食材，恐怕需要一定的勇气，但只是试着使用很少的量，也可以控制成本。不用说，好吃的食材都贵。我认为，便宜食材的味道只能是一般，对得起价格而已。在很多人已习惯了外出用餐的当下，让人们觉得真正好吃的菜品，绝不会是便宜的菜品。从食材到制作都考究的菜品，才能让人觉得美味。

2. 公开采购货源、使用生产者的照片很有效

最近，在很多食品超市都能看到，经营者张贴蔬菜或精肉生产者的照片，来让顾客产生放心感。这一招对于餐饮店也有效。公开食材的采购货源、介绍生产者，会使顾客的信任感

上升。

此外，我有时候还会把烹饪前的食材拿到顾客面前，以食材原本的状态向顾客做详细说明。

这个方法会让顾客产生安心感和信任感。这样建立起信赖关系后，顾客就会变成本店的常客或回头客，还能为售出高额菜单埋下伏笔。

3. 从“松”开始，确定松竹梅的菜单和服务

纪念日菜单，建议做成“松”“竹”“梅”三种，这时，要首先把最考究、价格最高的“松”确定下来。很多人在做这三种菜单时，先从价格最低的开始，这是错误的。先从价格低的开始确定，会手足无措，往往会因为不敢想象高价商品而受挫。按照松→竹→梅的顺序确定菜品内容，是关键所在。

把三种菜品内容确定下来后，要把相应的服务内容也确定下来。也同样按照松→竹→梅的顺序确定。

这里，我有一个要求，即回想起迄今为止最受顾客喜爱的服务。此外，如果有在其他店体验过什么令你感动的服务，也请尽量具体地回想起来。并且，把通读本书后你觉得“想尝试”的事例挑出来。试着把这些服务归纳出来，写出 20 条以上。

重点不在于“做到，做不到”，而在于，从让自己和店里的顾客喜欢、享受的出发点去选择。即使无法立即做到也没关系。

然后，把写出来的 20 条以上的服务，分为松、竹、梅三组。各个套餐中出现重复的服务也不要紧。

这时，由于包含从操作层面来看无法做到的服务，需要认真考虑现状，选出做得到的服务，删除做不到的服务。最后，在平衡松、竹、梅的基础上，验证这三种方案是否定价适当，是否能明显区分开来。关键在于，体现出明显的区别。

纪念日营销顺利开展以后，要定期重新研究操作问题，重新考虑一下，是否可以把之前删掉的服务追加上去。这时，不妨同时考虑一下，通过纳入推荐菜品和饮品来提高单价。

第 3 步　请常客来试吃

1. 请常客来免费试吃打包好的菜单方案

请常来光顾你的店的顾客，来做免费试吃的评论员，品尝第 2 步中打包好的纪念日菜单。第 63 页中已提到过，作为试吃条件，需要选择允许把试吃感想用在促销工具上，允许使用其姓名、照片和感想的顾客。请试着这样邀请。

“本店正在策划新的纪念日菜单。在通知所有顾客之前，想邀请非常了解本店的○○先生来参加免费试吃活动，并倾听您的感想。请和您珍视的人一起来当评论员。请允许我们届时把您的照片、姓名、感想用在本店的主页、博客和 DM 中。”

首先，请常客试吃作为主力商品的“竹”。尽量邀请三组，以增加感想的多样性。

拜托顾客亲笔书写自己的感想。请顾客用黑色记号笔写下来，这样将其用在促销媒介上时字迹容易辨认。

顾客的亲笔感想，是强有力的宣传标语。感想越多，价值越大，宣传越有力度。

2. 确定价格和名字

参考顾客的感想，来研讨并确定纪念日菜单的名字和价格。Delacera 是这样做的。

“松　用筷子吃的纪念日大礼套餐　12000 日元　附十大免费福利”

“竹　特级・用筷子吃的纪念日套餐　7350 日元　附十大免费福利”

“梅　用筷子吃的纪念日套餐　5250 日元　附六大免费福利”

请常客过来试吃时，很多顾客表示“可以用筷子吃，不用在意餐桌礼仪，年纪大的人也可以放心来吃”，所以把名称确定为“用筷子吃的纪念日套餐”。

这时，为了清楚体现松、竹、梅三者之间的差异，从顾客的意见中选出了“大礼”“特级”这两个词。

第4步 设置期间和数量的限制

名字确定下来后，就可以广而告之了。首先，把确定下来的菜单方案，和评论员顾客的照片、姓名、感想放在菜单上。制作好菜单后，就可以接着做宣传页和POP了。

大范围地告知，一旦涌进来很多订单，会打乱店员的操作节奏，厨房也可能会陷入混乱，因为不习惯接这么大量的烹饪任务，所以需要避免冷不防地大范围通知。以提高顾客满意度作为第一目标，起步很重要。

为规避风险，刚开始时，最好设置数量和期间方面的限制。例如，数量限制在一天3组，期间限制在3月份至6月份等。

限制了期间和每天的接待数量后，店员也能在这个时间段内牢记操作步骤，可谓好处多多。

刚开始时，可以向来店的顾客发放手工制作的宣传页，或在店内及店门口贴POP作为通知。关键在于，向来店的顾客传达这一消息。

纪念日营销起步后，会逐步发现必须改善的问题点，以及出乎预料受顾客认可的地方等。请到现场通过观察顾客的表情，来发现这些问题，并一点一点地改正问题。

当店员习惯了纪念日菜单的操作，烹饪和服务方面也没问题后，就可以大范围地通知了。

首先，利用不需要花钱的博客、主页、Twitter、Facebook 等通知。然后，再逐步采用 DM、广告、海报等。

开始时，请务必通知店员的家人和朋友。进一步观察反响，然后再把这个菜单方案固定下来，把它变成招揽顾客的强大引擎。

Happy Birthday
Toshiki
Takuya & Shiho
Azusa
Memorial Photo Book

第 5 部分

分级实践法和纪念日创意

初级篇　先从不用花钱，只需稍微花点心思和工夫就足够的服务开始

第 1 章中讲到过，我脑海中纪念日营销的原点，是幼儿园时期，父母为我举办的手工制作感满满的生日会。所以，最开始时，只要准备不需要花钱，只需花点工夫的服务，就能打造出像家里一样温馨的纪念日营销。

接下来，会从简单到精致，逐一解说服务方法。阅读的过程中，请同时具体考量自己的店能否引用。

·写有名字的菜单

来制作写有顾客名字的菜单吧！在 A4 纸上写上顾客名字作为封面。菜单里面，除当日套餐内容外，添加菜谱等说明。

把简讯和可供下次使用的优惠券折成三折放进去，为每个人准备一份放在餐桌上，是为了让顾客作为纪念品带回家。这种做法有助于顾客日后回想起本店。

·为顾客拍照，并作为礼物赠给顾客

为顾客拍纪念照，并送一张照片给顾客。这可以说是最具

▶菜单

このみさん
お誕生日
おめでとう
ございます!!
今日は、もりまささんと2人で
心ゆくまで くつろいで楽しんで下さいね。

有“纪念日”色彩的服务了。

只需要准备一个数码相机和一台照片打印机，这样就能立即把拍的照片打印出来。这种打印机大约 20 英寸见方，放在店内也不怎么占地方，价位在 1 万日元左右，非常容易入手。

Delacera 以前用宝丽来一次成像照相机拍照，每张照片的单价高，尺寸又小，而且时间长了容易褪色，所以特地准备了与数码相机配套的打印机。价位在每张 20 日元左右，价格便宜，画质又好，作为“纪念品”，深受顾客喜爱。

· 手写卡片

提前询问请客方，代笔写好送给主客的卡片。简短的一句话也可以，接到预约电话时请记得询问。把它放在主客座位面前的餐桌上。这样就能为顾客带来惊喜，因为是手写的卡片。把请客方的心情和爱意传达给主客，有利于提高顾客满意度。

· 独一无二的筷子袋

如果同样是使用筷子的店，建议在筷子袋上面下工夫。在薄薄的纸上用打印机打出“Happy Birthday”或”Congratulation”，做成独一无二的筷子袋。会有顾客把它带回家作为纪念，所以也可以把店名打印上。

此外，在网络上搜索“筷子袋　免费模版”，会出现很多种设计，也可以使用这些。通过在餐桌上摆放许多这样的小东西，制造出热闹感，庆祝的气氛会愈发高涨，主客双方都会更兴致昂扬。

·欢迎板

在黑板或展示牌上，写上庆祝纪念日的顾客的名字，在预约时间之前放在店铺入口处，表示欢迎。自立型的展示牌价位在5000日元左右，不妨买一个。它还有许多别的用途，有一个的话会很方便。

进店之前，看到上面写有自己的名字和祝福话语，在看到牌子的一瞬间，顾客对“今天为我庆祝”的期待感会提高，心情也会愉悦起来。

中级篇　试着提供虽然有点费工夫，但令人难忘的服务

· 附顾客照片的菜单

Delacera 最受欢迎的一项服务，是添加了顾客名字和照片的菜单。在 A4 纸的正面印上顾客名字和照片，在反面写菜单，然后塑封起来。

如果是回头客，可以使用上次来店时的照片数据，初次到店的顾客则没有现成的照片，可以在接受预约时，拜托请客方把照片通过邮件发过来。

我是用电脑制作，如果不擅长使用电脑，也可以在 A4 纸上贴上打印出来的照片，这样会有手工制作感，也相当不错。

之所以采用塑封，是希望避免弄脏，便于长久保存。而且，用餐过程中一直放在餐桌上，玻璃杯上的水滴可能会洒在上面。所以推荐塑封工艺，脏了一擦即可。

在 Delacera，有顾客每年都期待着这种菜单。还有顾客把它放在家里作为装饰，也是一种宣传媒介，让顾客在家也能想起 Delacera。

因为有点费工夫，所以 Delacera 只为“松”套餐的顾客准

备了这种菜单。

· 为常客制作名片，请他们帮忙宣传

为对店铺非常了解且非常认同的常客们，制作写有顾客名字的名片，并交给他们。顾客可以以名片为契机，聊起在本店的体验，起到口头传播的作用。拿到了自己名片的顾客，会感受到自己被本店特别对待，感受到优越感。

Delacera 会为拿着介绍名片到店的顾客准备福利，比如提供自制火腿等，作为一项惊喜。这又起到了口口相传的效果。

· 在电脑屏幕上播放顾客的名字和祝福语

老生常谈了，记住顾客的名字这一招非常讨喜。

▶名片

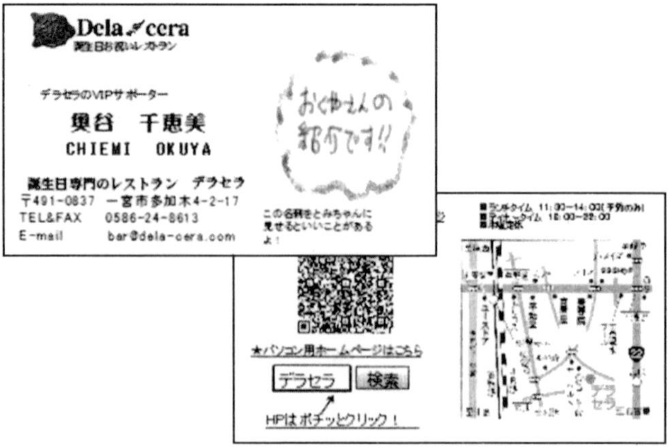

Delacera 利用电脑的屏幕播放功能，播放正在庆祝纪念日的顾客的名字以及祝福语，演绎出整个店都在热烈庆祝的氛围。再加上音乐一起播放，效果会更好。

继店铺入口的欢迎板之后，这是到店后的第二个惊喜。进店后已经有两个地方写有自己的名字，顾客会心生喜悦，气氛也更高涨。很多顾客会在播放自己名字的瞬间拍照留念。

高级篇　尝试令人难忘的服务

·把顾客出生当天的报纸作为礼物

每日新闻东京中心有一项服务，叫作“记忆报纸”。可以从明治五年（1872年）以后的报纸数据中，打印出你所选日期的报纸的某个版面。

尺寸有B4和A3两种，起步价为单面420日元（不含运费），非常便宜。

Delacera会在常客生日时，赠送这种报纸。过生日的顾客，可以知道自己出生那天发生了什么事，所以这项服务非常受欢迎。

主要是送给过生日的顾客，以前曾经给一对来庆祝结婚纪念日的夫妇送过夫妇二人各自生日那天的记忆报纸。他们看到四十年前的电视版面和广播版面，心情非常激动。那个时代电视频道比现在少，广播的播放版面比较大，看到自己从未听过的节目和只听过名字的艺人，一种新鲜感油然而生，原来自己出生那天“发生了这些事”。同时也会感慨岁月的流失。

记忆报纸　http://www.mainichi-tc.com/memories/memories_index.thml

· 印有顾客头像和名字的瓶子

请看下方的照片。看上去像洋酒瓶，实际是用洋酒瓶装了 Delacera 自制的辣酱油。此外，标签上印有过生日顾客的照片和名字。

顾客回到家后，做饭时每次用到这瓶酱油，那次愉快的体验和关于本店的回忆就会苏醒。而且，由于上面印了自己的照片，空瓶子也舍不得扔掉，放在家里作为装饰。

标签，只要在电脑上做出一个雏形，后面就可以重复利用了，每次只需更换照片和名字、日期。在打印机上打印出来，用胶水贴在新瓶子上即可。

洋酒或日本酒的空瓶子，放在沸水中稍微浸泡一下，标签就很容易揭掉了，不妨试试。然后把揭掉了标签的瓶子晾干即可。可以通过用沸水消毒等方法，卫生方面请自行负责。

在 Delacera，还有体验过这种服务的顾客，后来问能不能再买点酱油。

这种方法的最大优点是，体验过一次就永远难忘。继简讯和 DM 之后，考虑到持续提供仅需一点工夫和成本，可以说效率非常高。

・用照相机和摄像机拍摄视频

如今，用数码相机或手机就能轻松拍摄短片。利用这种功能来制作视频怎么样？

下面介绍 Delacera 的一个成功案例。

内田一家，一直在本店为家人庆祝生日。临近爸爸生日的一天，太太打电话过来说希望策划一个惊喜。

于是我提议录一段视频。事先请太太和孩子一起到店里，用照相机录了一段送给爸爸的生日祝福。

预约当天，用餐过程中，作为一个惊喜，在电脑上播放了这段视频。内田先生大吃一惊的同时非常开心，我看到了他眼里隐隐泛起的泪光。后来问起太太，原来是因为有别的顾客在，才忍住没有哭出来。视频战术取得巨大成功。

尽管需要提前做准备，稍微有点费工夫，但顾客的喜悦也更胜一筹。

・把顾客的照片拷贝在 DVD 上送给顾客

东日本大地震发生后，有志愿者专门在受灾区域寻找被掩埋在废墟里的照片，洗去上面的污泥，晾干后送给失主。我看到后，越发真切地感受到照片所拥有的力量，同时强烈地感觉到，想要把记忆永久保存起来，是任何人都有的一种情结。

Delacera 在促销中经常使用照片。原因在于，只需拍一次照，就能变成令顾客回想起本店的媒介。

此外，还可以广泛运用在各种各样的促销媒介上，站在店方的立场，一张照片所花的成本很低，这是有利的一面。况且，自己就能拍摄，也不需要增加人手。

把在店里拍摄的照片，通过邮件发送给顾客，容量大的话可以使用免费的数据包发送。这样做虽然有点费工夫，但不需要任何成本。

对于优质顾客，可以把照片拷贝在DVD上，作为相册把正本邮寄给顾客。在相册或DVD的正面印上顾客的照片，就更加令人难忘了。

另外，经常到店的顾客，照片会越积越多。也可以用这些顾客照片或菜品照片，制作一段微电影送给顾客。有一种免费软件，还可以随意添加音乐、点评等，擅长这方面的人可以挑战一下。

很多顾客会把我们赠送的照片用在结婚典礼、博客上，也起到宣传作用。

· 把信作为一道菜送上桌的惊喜

“把信作为一道菜送上桌”，顾客绝对会大吃一惊，甚至有人会感动得落泪。

尤其推荐做西餐的店铺使用。把请客方准备好的信放在盘子上，用餐罩（为防止菜冷掉或落上灰尘而盖在盘子上的圆顶形盖子）盖起来，把信隐藏起来。

把这个盘子端给主客，说："○○先生/女士，生日快乐！今天我们特意为○○先生/女士准备了一道特别的菜。这是应○○先生/女士（请客方）的事先要求，我们首次制作的一道菜。请您独自享用。请趁热享用。"然后当着顾客的面把餐罩取下来。

顾客本以为是一道菜，打开的瞬间大吃一惊。接着读信的过程中，很多人会感动得哭出来。这才是不用花钱就能打动人心的服务。

·请顾客参观厨房和烹饪过程中的菜肴

Delacera 的厨房是全封闭的，顾客在座位上什么也看不到。现在，餐饮店很流行设开放式厨房，Delacera 却无法像开放式厨房那样，让顾客享受观看烹饪过程的乐趣。

于是我就想到，把顾客邀请到平时无法看到的厨房里来，请顾客观看烹饪场景。

顾客一般都想不到厨房还可以观看。所以，请顾客观看即将享用的肉或鱼的烹饪场面，他们会很开心。此外，通过请顾客观看烹饪场景，还有令顾客越发觉得好吃的效果。

请试着这样对顾客说："即将开始烹饪您接下来要享用的○○菜品。不知您是否愿意到厨房观看一下？"

让顾客参观厨房的目的，是带给顾客平时在家无法获得的体验。这项服务只面向前来庆祝纪念日的顾客，希望他们感受到一种特别感，并留存在记忆中，难以忘怀。

作为这项服务的延伸，Delacera 还为儿童顾客准备了写有儿童店长、儿童调酒师、VIP 专员等头衔的名片，邀请孩子们在店铺的舞台上，获得难忘的体验。

如果是为家人庆祝生日，会请儿童店长帮忙送蛋糕、一起唱生日歌等。

当包场或没有其他顾客在场时，会请儿童调酒师进入吧台，为自己或父母调制一杯饮品，体验亲自调制的乐趣。还会请他们清洗自己用过的玻璃杯和调酒壶。然后把这些场景拍下来，对父母而言既是一种纪念，也是一种乐趣。

在 Delacera 担任过儿童店长的宇宙君，长大后到 Delacera 来打工可谓是干劲十足。我也从中收获了喜悦。

达人篇　挑战成为店铺“卖点”的服务

·制作印有顾客照片的小礼物

制作印有顾客照片的小礼物，目的在于制作世界上独一无二的纪念品，让顾客每次看到这个东西，就能想起在这家店度过的快乐时光，使店铺在顾客记忆中永久保存下来。所以，选择每天都会用到的小礼物，效果会更好。

当然，赠送小礼物的名目是纪念日礼物。饱含着感谢的心情，和今后保持长期往来的心愿，赠送给顾客。

如今，世界上独一无二的原创小礼物，只需要在网上下单，或把照片交给摄影工作室就能做出来，非常简单。价格从500日元到5000日元以上不等，有很多种类，还可以为每位顾客量身定制。

举几个例子，有马克杯、挂毯、便携袋、拼图、T恤、鼠标垫、围裙、书皮等。从每天都会用到的东西到装饰品，应有尽有。

我最常选用的是马克杯。因为我觉得顾客每天喝茶或咖啡时都会用到，每次用的时候都能想起 Delacera，会长久保存在顾客的记忆中。不放任何本店 Logo 或宣传，不强加于人，每次看到的时候能想起来 Delacera 就足够了。

· **组织乐团演奏或魔术表演**

小型餐饮店举办活动时，没必要邀请上几百人。极少人数也能正常举办，是小型餐饮店的强项。策划演出的目的，是为顾客提供愉快的时间和场地，以及尽情享用美食的空间。

在 Delacera，邀请音乐家来现场演奏时，我会把顾客的人数限制在 8 人以下。原因在于，人数越少，满意度越高。如果纯粹从盈利方面考虑，当然是尽可能多地邀请顾客，但从提高满意度方面考虑，人数少的时候，满意度无疑会更高。

在 Delacera 现场演奏的乐团成员一致反映，从来没有为这么少的人现场演奏过，与顾客之间的距离如此之近，以至于能清楚地看到顾客的表情，所以顾客的热情也传染给了他们，让他们愈发兴奋。演出结束后，还邀请他们跟顾客们一起用餐，以增加双方之间的交流。

截至目前，已经举办过吉他、长笛、萨克斯的小型现场演奏。任何地方都有当地的音乐家或魔术表演艺术家。正好认识的话自然不在话下，即使不认识也可以轻松地在网上搜索到。这时，只需要寻找适合店铺风格的音乐家或魔术表演艺术家。

另外，还可以请顾客亲自演奏、伴舞等，给顾客一个展示自我的机会。这种情况下，策划的主旨是让顾客彼此间建立起友谊，所以只面向常客。业余爱好者，如果有演奏或跳舞方面的爱好，达到一定水平后，会迫切想要一展身手。可是，大多数情况下都苦于没有展示的场合，所以会花钱租借场地表演。

这时，可以请他使用店铺的场地。尽管店铺的布局和制作等方面可能不够理想，但向顾客提出这个方案时，顾客都会欣然接受。也可以不向演出的人支付演出费，改为请他免费用餐。这样双方都没有什么负担，还能加深与演出者、参加者之间的友谊。

以前，举办过一场由四位常客现场演奏长笛和原声吉他的活动，当时演奏者突然开始演奏“生日快乐”，而在座的顾客没有当月过生日的，正觉得莫名其妙时，听到“生日快乐，富田君”……原来，竟然是唱给我的生日快乐歌。这个惊喜，着实把我震惊了。原来是演奏者在主页上看到我是这个月生日，特意为我演奏的。这次不同于以往立场的体验，让我真切感受到了纪念日的现场演奏拥有多么强大的效果。

·令你与顾客更亲近的服务

与顾客一起开心享用，可以将与顾客之间的关系，从信任发展到信赖。产生信赖后，就能缩短与顾客之间的距离，顾客就会愿意点高价的或推荐菜单上的菜品。甚至最后完全不在意价格，全盘委托给我们。我们不能期待所有顾客都能达到这个程度，要把它看成一个循序渐进的过程，新客→回头客→常客→完全信赖的顾客（铁杆粉丝）。

理解店铺和店主的想法，并全力支持的人才能达到这个程度。这样一来，就能建立起长久友好交往的关系了。

在包场或只有常客在的情况下，如果顾客邀请，我会跟顾客一起喝一杯，或坐下来聊一聊。这样做是为了缩短与顾客之间的距离。

需要注意的是，如果有其他顾客在场，绝对不能做这种招人反感的事。而且，不能喝多，这一点无须赘言。事实上，我在这两点上都有过失败的教训。

聊一些个人生活和爱好方面的话题，可以借此了解顾客是什么样的人。如果投缘，还可以相约休息日一起吃饭或一起喝酒。我还曾经喊上几个关系好的顾客，组团去喝酒、增进交流呢。

我还带着顾客去参观过供应商呢。其中，最受好评的是去市场买鱼。人们一般都去鱼铺或超市买鱼。天刚蒙蒙亮，看到平时根本看不到的大量的新鲜鱼类，就像发现了新大陆一样，所有人都难免兴奋不已。好多人联想到了小学时的社会实践。

还可以为预约了当天来用餐的顾客，奉上用他亲自挑选的鱼做好的菜肴。

· 将客单价设置为平时 10~20 倍的高价，对两个人开放包场服务

有点突然，这里做一个简单的思维练习。请思考一下，如果把客单价提高到现在的十倍，什么样的菜品和服务能令顾客满意。

怎么样？想出来了吗？这个练习的目的有三个。

①消除“高价商品卖不出去”的成见

②通过思考高价商品和服务，养成思考远超当前现状的习惯

③探讨能大幅提升满意度的少人数包场方案

迄今为止，我已经与多名小型餐饮店的店主共同探讨过，大多数人都认为，经济不景气的情况下，高价商品绝对卖不出去。那么，特别便宜的商品一定很畅销了？也许当地最便宜的店生意最好，那比它稍微贵一点的店怎么样呢？看到低价连锁店接连撤退的事实，你就会明白，任何东西只要便宜就会畅销

的时代已经结束了。

在第 1 章中也讲到过，越是经济不景气的现在，高价商品越容易出售。事实上，Delacera 的客单价，在 5 年间由 2000 日元提高到 9000 日元、上涨了四五倍就是证据。

即便如此，还是有很多人认为办不到。5 年前，我也这么想。

销售高价商品的最大敌人，是深信“那玩意儿根本不可能卖得出去”的自己。

当你觉得卖不出去，那就百分之百卖不出去。因为你不曾考虑过为卖出而付出努力，也不曾考虑过商品能卖出去。

我想从这种状态中挣脱出来，所以大胆推出了价格为当时客单价 20 倍的每人 4 万日元的套餐，并全面思考了应该如何把它卖出去。

当时的状况是，客单价仅为 2000 日元，每人 5000 日元的套餐都很难卖出去。每份 1000 日元以上的单品完全卖不出去。从现状来看，不具备任何能卖得出高价商品的要素。

但是，我抛开这种现实，拼命思考要想把它卖出去应该怎么做。知道以往的常识和思维指望不上，干脆一不做二不休，一口气把单价提到原来的 20 倍。因为我想，这样就能够脱离以往的常识和偏见了。那么，我是怎么思考的呢？下面来说明。

首先，我判断出，仅靠菜品不可能达到 4 万日元。受到高级饭馆使用有名且价值连城的挂轴、容器的启发，我想到了刊登顾客照片的菜单，和以幻灯片的形式播放顾客照片。与在挂轴和容器等艺术品上面花钱相比，我认为，Delacera 的顾客一定更喜欢这种形式。

另外，还想出了两个人可以包场的方案。我想，单间在其他店很常见，但如果两个人把整家店包下来，冲击力会更强，满意度会更高。既然是包场，如果顾客的爱好正好是弹吉他或其他乐器，还可以请他们带过来现场演奏。

此外，作为 4 万日元的套餐，提前询问顾客的喜好来量身定制，在请顾客不限量享用世界三大珍味的菜品方面，把顾客喜欢的曲子作为背景音乐的环境方面，以请客方为主客准备一封信、制造一场意外惊喜方面下功夫。

经过深思熟虑，我把以上的接待工作，定义为“充分负责地让顾客享受这段快乐时光”。

我还跟理解我想法的顾客直接沟通了这个设想，并一起探讨了庆祝纪念日的可行性。这个方案，没有任何广告和宣传。尽管如此，实际也售出了两组。

然后，我把 4 万日元的服务拆分开，推出了低价套餐。既然 4 万日元的套餐能得到顾客的满意，就可以游刃有余地推出 2 万日元、1 万日元的套餐了。

当前客单价 20 倍的服务都能做到以后，就可以将其增加到现有菜单上。再分为客单价 2~3 倍的菜品和服务，排出具体方案，就会有越来越多的顾客感受到它的魅力。

提出 20 倍单价的方案时，周围的人不约而同地劝我放弃。但我从坚持执行这个方案中获得了一笔不菲的财富。

根据纪念日的种类称呼顾客

经过对 Delacera 庆祝生日这一“卖点”的持续推敲，顾客认识到，我们是一家专业性的店，同时，在顾客的建议下，除庆祝生日以外，还增加了其他各种纪念日。

下面就来介绍一下有庆祝纪念日需求的情况。

·瞄准结婚 1~3 年的目标顾客

结婚第一年称为纸婚，第二年称为棉婚，第三年称为皮革婚。

结婚纪念日，是仅次于生日的利用动机。尤其是结婚 1~3 年的夫妇，利用概率更高。占庆祝结婚纪念日总数的 50%以上。

试着用“趁着婚姻生活落入陈规之前，创造一些只属于新婚夫妇的美好回忆吧”这样的宣传标语来招揽顾客。

·对于结婚 4 年以上的夫妇，用“重新求婚”来发起攻势

婚姻生活超过 4 年以后，多少会变得千篇一律。有了孩子的话，孩子就成为生活的重心，新婚时的新鲜感会慢慢消失殆尽。夫妇二人一起庆祝点什么的心情，比结婚 3 年以内的夫妇低得多。

但也不是零。只要有契机，就能唤醒他们庆祝的欲望。

于是，就用“重新求婚”来呼吁。在重要的结婚纪念日，来重新求一次婚，为接下来的婚姻生活注入一股新鲜感。

例如，第 5 年的木婚有“合二为一”、第 10 年的锡婚有“以锡一样的美丽和柔和”、第 15 年的水晶婚有“没有杂质的、透明的夫妻之爱”的含义。可以用这些作为宣传标语。

“结婚 15 年的您，要不要以‘没有杂质的、透明的夫妻之爱’为赠言，重新求一次婚？”

怎么样？可以根据结婚的年数更换不同的赠言。

结婚纪念日中尤其舍得花钱的，是赶上比较重要的银婚或金婚。结婚 15 年以内的纪念日，每年都有固定的名称。接下来，每 5 年才有一个纪念日有固定名称。

那时，孩子们已经长大，与夫妇二人庆祝结婚纪念日相比，全家一起庆祝纪念日的概率更大。

在 Delacera，很多顾客为父母安排用餐，为他们庆祝银婚或金婚。来过 Delacera 一次、喜欢这里的顾客，下次会带着父母一起来庆祝纪念日。两代人一起庆祝，人数增加，销售额也增加。结婚 50 年的金婚，已经有孙子了，变成三代人一起庆祝，人数就更多了。

庆祝纪念日，满意度很容易提高，所以互相介绍和口头传播会增加。大多数情况下，顾客会告诉自己的朋友、公司同事、家人等。

所以，应该向本店的顾客多多宣传其他的利用动机。大多数人，提到纪念日，只会想到生日和结婚纪念日。因此，需要让顾客了解纪念日有很多种。这样一来，纪念日临近时，他们就会想起本店。Delacera 一般在顾客要离开时适时提出建议，或在店内的黑板上宣传。

结婚纪念日不同年数的名称和寓意

年数	名称	寓意
1	纸婚	从白纸状态憧憬未来的梦想
2	棉婚	不奢侈，过朴素、节约的生活
3	皮革婚	即将迎来 3 年倦怠期。像皮革一样执着地相互思念
4	花婚	像开花、结果一般，夫妻感情开花结果的美好瞬间
5	木婚	夫妻经过 5 年的磨合，已经紧密连接在一起。至此，夫妻像变成一棵树一样合二为一
6	铁婚	像铁一样坚韧，决心度过不屈服于苦难的人生
7	铜婚	家人、财产等一切都稳定下来的时期。比喻为铜，借其稳定的寓意

（续表）

年数	名称	寓意
8	橡胶婚	像橡胶一样有弹性，夫妻生活不会轻易被破坏
9	陶瓷婚	像对待重要的陶瓷一样，在没有任何裂隙的状况下度过的岁月
10	锡婚	像锡一样美丽，且清澈、柔和
11	铜铁婚	像坚硬有力的铜一样，用爱的力量连接在一起的两个人
12	绢婚	柔软有光泽、两个人的爱情如潺潺流水般流淌
13	蕾丝婚	密密地织了好多层，是爱情的证明
14	象牙婚	像象牙一样见证了漫长的岁月，随着年龄的增长越毫不动摇
15	水晶婚	没有任何杂质，通透地闪耀着光芒，拥有水晶一般的信赖之心
20	磁器婚	像磁器一样，夫妻关系随着岁月越来越有价值
25	银婚	婚姻生活达到一个重要阶段。像精湛的银一样，美得极有深度
30	珍珠婚	比喻为象征着财富和健康的海中宝石，寓意今后越来越繁荣昌盛
35	珊瑚婚	像经历了几十年、几百年、永久岁月后依然簇拥在一起不断成长的珊瑚一样
40	红宝石婚	两人之间深深的信任，就像红宝石的深红色
45	蓝宝石婚	是相互之间的诚实与尊重，让夫妻双方得以走到现在
50	金婚	像洒上了金色光芒的富裕生活
55	翡翠婚	像深绿色的翡翠一样，静谧且尊贵的夫妻生活
60	钻石婚	长寿和家族的繁荣，像世界上最坚硬的钻石一样闪耀着光芒。为最高级别的结婚纪念日

・结婚前的情侣是主要目标顾客

结婚或孩子出生后，很多女性会从此辞去工作，此前有两份收入的夫妇的收入总额一下子降下来了。即双马力变成了单马力。于是，只好开启节约模式，外出就餐变得很困难。

所以，吸引结婚前的情侣这一方法非常有效。两个人都有工作，经济上比较宽裕，所以会经常外出就餐。结婚后双方都工作的夫妇也一样。

在 Delacera 经常遇到这样的情况，即结婚前双方互相庆祝生日或纪念日，结婚有了孩子以后，太太辞去工作，收入减少，即使想庆祝也心有余而力不足。即便如此，我也会坚持给他们寄活动介绍或 DM。

有一次遇到一位先生，他们夫妻俩以前经常来店里，他对我说，“现在由于孩子太小，忙着照顾孩子，没办法去你店里，但是一直期待着 Delacera 寄来的信。下次一定带着孩子一起去”。

所以，要瞄准结婚前的情侣或夫妻双方都工作的顾客，让他们趁着经济上宽裕的时期来庆祝纪念日。这样一来，即使某一天不再来，将来再次来店的概率也会很高。

・祝寿和做法事的风格也在变化

庆祝纪念日，可分为两个人惬意地享受，和很多人热闹地享受这两种情况。先根据店铺的大小和客户群，来决定适合开展哪一种，然后再开始促销吧！

比如，生日会的话，结婚不满三年的夫妇，和年轻情侣往往是两个人一起庆祝，但结婚二十年以上的夫妇，和庆祝六十大寿等情况下，更有可能是全家人一起庆祝。

后一种情况下，会聚集三代人，有时候人数会超过十人。单价较高，且人数较多，所以营业额和利润率都会上升。

祝寿的话，有虚岁 61 岁时的花甲、70 岁的古稀、77 岁的喜寿等共计十次以上的纪念日。知道这些名称的人出乎意料得少。而且，老年人年龄大了以后出门不方便。我们把 88 岁米寿以内的纪念日，作为纪念日营销的对象范畴。

一般认为，这些祝寿活动，会选择在铺着席子的日式房间吃日式料理。

但是，本店没有日式房间，是主打法式料理的西式餐饮店，也常被用来祝寿。

询问顾客后得知：

· 老年人腿脚不太好，不想端端正正地坐。椅子更方便

· 吃腻了生鱼片和日式料理

· 可以包场

· 菜肴做得松软

这四个原因占主流。初次接到祝寿预约时，我还担心年长的人会不会喜欢我的料理，为此忐忑不安。令我震惊的是，很多人一转眼就吃完了。还有事前问的时候，说饭量比较小，结果到店以后，却出现一家人吃得多得惊人的情况。

其中的理由，我想不外乎是，见到平时很难聚在一起的家人心情愉快，以及在一个异于平常的氛围下，品尝到平时吃不到的食材，食欲变得旺盛起来。

想必大家也有外出旅行时，换一种心情食欲变得旺盛，比平常吃得多的经历吧。我认为是同样的道理。

鉴于以上原因，可以说，迄今为止作为常识的，“祝寿选日式店吃日本料理”，变成了“祝寿选择有椅子的、能包场的店，和口感松软的料理”。

这样一想，其实不仅限于日式料理，中餐和西餐、外卖等也都可以利用。

所以，以前面提到的被选择的理由作为宣传标语或宣传的切入口，需求应该会增多。

知道了祝寿的需求出乎意料后，我在想，之前一直以为不能采用西餐的法事，会不会也已经不再遵循以前的常识了呢？于是，我想，能不能把法事解释为“缅怀故人的纪念日”，在七周年忌日和十三周年忌日时把亲人聚在一起，把它们变为一边缅怀故人，一边平静地用餐的日子？法事上，老年人和年轻人同席。这时，就可以灵活运用从祝寿中学到的技巧了。

法事的料理，本来就有固定的规矩，比如刺身只用白身的鱼，不用金枪鱼等红身鱼。肉只能用两只脚的动物或禽类肉等，尽管具体情况会因宗派和地域而异。

但相对于遵循这些惯例，更注重于让来参加法事的人满意。所以，我把法事看作“缅怀故人的纪念日”。举着这个大义名分来吸引顾客就可以了。

· 订婚、结婚这种两家人见面的活动也有需求

订婚和结婚这种两家人见面的餐会，也有需求。Delacera 刚开始时，出于服务和设备不完善的考虑，曾一直拒绝接这种正式的餐会，当询问的人越来越多时，才开始在提前说明店铺情况的前提下接受预约。

接受预约时，我会对顾客说：“本店是比较休闲的、用筷子用餐的餐厅，有不太适合正式餐会的地方。设备和服务也无法与一流饭店相比，如果方便，请您来店里实际考察一下再做决定”，跟顾客这样说明，请顾客做最终决定。一开始就耐心地解释说明，顾客的信赖感也会提高。

当我询问为订婚或两家见面而来的顾客，为什么会选择 Delacera 时，顾客这样回答：

· 正式的餐厅太拘束了，无法享受美食

· 可以包场

· 家一般的氛围

这些，是只有小型餐饮店才能得到的反馈。在 Delacera，曾经有一位母亲，为没举行婚礼的儿子儿媳举办了一场宴会，请亲人、朋友一起过来用餐，以作为纪念。也有已经举办过正式的见面会，这次专门请家人在一起见个面、吃顿放松一点的饭的情况。

· 一家人为孩子过传统节日

以家庭为单位举办的、人数众多的活动，有孩子的百日礼和“七五三节”。

百日礼，指的是出生后 100 天左右举行的仪式，在乳牙开始萌发的时期，祝愿“一生食无忧”，而举办的类似餐会的活动。

大部分都在家里举行，也可以提前与顾客沟通好，确定好菜单，把婴儿要吃的东西带过来，以父母、祖父母、亲戚等用餐为主要目的，做好准备工作。婴儿出生后 100 天，不宜被带到太远的地方，所以不妨挖掘一下附近居民的需求。

“七五三”，是在男孩子三岁和五岁、女孩子三岁和七岁时的 11 月 15 日，为祝贺幼儿成长，到神社或寺庙参拜的仪式。这种仪式，多为两家一起庆祝，可以大力宣传。建议先调查清楚当地的风俗，再开始为仪式和菜品做准备。

以孩子为主的仪式，如果能提供包场，父母会放心得多。因为很多人觉得，带孩子外出用餐很困难，但是这种纪念日，又想外出用餐以彰显仪式感。此外，“七五三”等的穿衣打扮和参拜准备，很劳神费力，如果还要在家里做饭，就更麻烦。尤其是妈妈，“外出就餐”的需求更高，不妨以这些纪念日为目标开展促销。

· 向顾客传达纪念日的创意

如果是靠近写字楼或地铁站的餐饮店，可以请附近公司的人来做免费评论员，只需要征得他们的同意，在 DM 和宣传单上使用他们的照片和心声就可以了。公司里有多少名员工，就有多少个生日，既可以起到口口相传的效果，说不定还能获得承办年终尾牙、新年会等活动的机会。

Delacera 位于郊外，暂时还没采用这个方法，可以利用当地企业名录，以传真 DM 和海报的形式广而告之，不断扩大影响面。

除了前面介绍到的纪念日，其实，Delacera 还在以下这些纪念日时被使用。

- 父亲节、母亲节
- 恋爱纪念日
- 庆祝结婚登记、结婚纪念日
- 庆祝在拳击比赛初赛中获得胜利
- 庆祝入职
- 庆祝入学或毕业
- 庆祝退休

这些都是顾客提出的利用动机。针对生日和结婚纪念日开展促销，结果额外收获了这些不同的利用动机。

想必大家所在的店也有独特的纪念日利用动机。除了本书列出来的利用动机，大家不妨考虑一下，是否能建立一个适合自己店顾客群体的纪念日。

Mizutani's Family
Utida's Family
Utida's Family
Memorial Photo Book

第6部分

一直被光顾、被热爱的餐饮店的法则

自主思考、自主行动是第一步

以前，Delacera 濒临倒闭时，我满脑子想的都是如何便宜卖出、如何做出既便宜又好吃的菜品。因为自己断定高价菜品和服务根本卖不出去。

现在看来，便宜出售，是既不需要动脑，也不需要花任何力气的、最廉价的促销方法。

只是在现有价格的基础上打九折、打八折、打七折，一路降下去。想必有不少餐饮店主，也有过与当时的我同样的经验。

当时，为了便宜出售，不再使用优质食材，对菜品也不再有自信，而是觉得反正便宜，这样就差不多了，索性偷工减料。

结果，背弃了优质客户的信赖，本不欢迎的顾客却越来越多。这些顾客不是因为喜欢本店而来，而只是因为便宜。如果有更便宜的店，他们会二话不说直奔过去，专门冲着优惠券来的顾客也越来越多，店铺持续荒废下去。下一步，就是恶性循环的泥沼。

后来，我下定决心朝自己想要的方向运营，无论如何先停止降价销售，决心哪怕多卖 1 日元也行，提高销售价格。这样一来可不得了。为了高价销售，必须增加附加值，彰显出与其他店不同的特质。

我不停地读书、在网络上搜集信息，并且深入思考了如何把这些信息运用到自己的店里。

在巴塞罗那奥林匹克运动会上斩获了一枚金牌，绰号“平成三四郎”的柔道运动员古贺稔彦，在隐退之际接受采访时说的一段话，给我留下了深刻印象，久久难忘。古贺选手在巴塞罗那之前的首尔奥运会上，就被寄予了夺得金牌的厚望，却在第三回合中败下阵来。当时，他身边有很多优秀教练，并按照这些人的指导进行训练。他当时想“既然有如此优秀的教练跟随左右，只要按照他们的指导去训练，应该就能获得金牌”。

结果，却在第三局中败退。回国后，古贺选手养成了自主思考的习惯，思考教练们所教的训练方法的意义。比赛过程中，遇到自己没有经历过的状况，就不知道该如何是好了，因为完全按照指导训练，不再有任何意义。

为了打破这个局面，他决定自主思考、自主行动。后来，他尽管负伤了，也依然在巴塞罗那奥林匹克运动会上斩获了一枚了不起的金牌。

我听到这个故事，恍然大悟道，其实促销也是如此。自主思考，即使失败了还可以查找原因后再次尝试。这样一来，会成为教训而不是失败，是属于自己的一笔财富。

最重要的是，即使失败了也坚持自主思考、自主行动。然后，小的成功不断出现时，就会产生自信，成为一种乐趣。我至今还在不断积累小的成功，进展不顺利的话就思考失败的原因，然后把它们逐个击破。

一招就能扭转乾坤的妙招根本不存在。尽量从低风险、低成本起步，认真思考和验证进展顺利或不顺的原因，才是关键。这样一来，就能找到本店开展促销的规律性，提高再现性。

这本书只是菜谱

餐饮店不同于流通行业和零售行业，它更易于推出属于自己的独一无二的菜品和服务。也就是说，更容易打造出独一无二的商品。这样一来，就容易与其他店拉开差距了。

以做土豆炖肉为例。A 君选用猪肉和男爵马铃薯做得偏甜且味道浓厚。而 B 君选用牛肉和五月女王马铃薯（May Queen，马铃薯的一个品种）做得味道清淡。但都是世界上独一无二的料理。

话虽如此，在当今时代，以这个程度可生存不下去。

第一次做土豆炖肉时，可以请教母亲，或者参照食谱做。有可以参考的东西，就参考着去做。这是菜谱。不可能一开始就做得很美味，做的次数多了，在不断修正和改进中做出自己独特的味道。

这一点不仅限于料理，也不仅限于纪念日营销，促销及商务活动都是同样的道理。

我把这本书当作菜谱来写，作为大家开始实施纪念日营销的参考。

希望大家把这本书作为开始纪念日营销时的契机和大致目标。与做土豆炖肉一样，首先试着去做，然后逐步打造出自己的店独一无二的纪念日营销。

刚开始大多进展不顺利。这时，如果没有参照物会容易受挫，大都无法继续进行下去。为避免出现这种情况，希望在这本菜谱的帮助下，大家不会因为小小的失败而沮丧，在再次尝试和回过头去看时当作参考。

外食产业竞争激烈的现在，需全盘考虑菜品、服务、顾客接待和氛围，如果不能给顾客留下深刻印象，就不会产生回头客，也不会起到宣传作用。

正因为如此，我才希望你们打造出属于自己的独一无二的纪念日营销。

纪念日营销进展顺利的话，可以把现有菜单删掉一些

小型餐饮店，在员工、烹饪等操作方面大都没有什么余裕。我也如此，从烹饪到客户接待、打扫、会计、现金管理、打杂、促销等，什么都做，身兼数职。不可能像大型连锁店那样，各个部门各司其职，每个部门只需做好自己分内的事就行。所以，开始新的促销，对小型餐饮店而言，店员和操作方面的负担都会变大，因为他们以很少的人数支撑着运营。

以 Delacera 为例，在宣称做专门庆祝生日的餐厅之前，饮品菜单上有囊括了鸡尾酒、葡萄酒、日本酒等 200 种以上的酒水，料理菜单上也是，把套餐料理和单品料理组合起来，有 80 个种类以上，刊登在菜单册上。

当时，为了顺利提供服务，保证有三名店员同时工作。即便如此，高峰时期当订单纷至沓来，还是经常会出现上菜不及时、食材浪费的情况。反之，等待时间的人工费也很浪费。

从那时起，加上员工离职和经济不景气，进入了不得不重新调整运营方向的境况，每实施一个新的促销或采用新菜单，就精简掉一个反响较差的促销，或没有订单的菜品，促销和菜单都渐渐精简化了。尽量把精力集中在自己擅长的东西上，向效率高又略有富余的状态过渡。

以即将迎来长达一年出航时间的船只为例。出航前，会储备大量的粮食、药品、燃料等。但是，船上储备的东西肯定不是取之不尽用之不竭的。所以，总会有想拼命储备却无法储备的东西。出航以后粮食和日用品会越来越少，中途在港口停泊时，就需要补给，以免出现必需品断货的情况。

出航以后总会出现新的必需品，这种情况估计经常发生。这样一来，船上就必须储备新增的必需品了。然而，船只的储备量是一定的，只能把优先顺序靠后的物品减掉。如果硬塞导致载重过高，当遭遇暴风雨时，船只会因失去控制而沉没。

这个比喻中，船只就是小型餐饮店。储备量就是工作量的最大限度。物品相当于菜单和促销。

应该不难理解。采用新的菜单和促销后，就必须把现有的不必要的菜单和促销删掉。否则，运营会超过负荷，店员负担过大，会导致工作热情降低。

这样一来，最大的受害者就是顾客。当然，如果现状还有富余，员工也增加了的话，则没有必要删除。

在 Delacera，随着纪念日营销的顺利开展，会逐渐删掉不必要的菜单和服务等，只保留庆祝纪念日所必需的储备量，使仓库保持有少量富余的状态。

这样操作下来，食材浪费大幅减少，人工费的浪费也少多了。

在实施新的促销和菜单时，不妨考虑把不必要、不畅销的菜单作废掉。

5 年前的常识，放在今天，已不再是常识

贯彻实施 QSC（品质、服务、清洁度）、把 FL 成本（食材、人工费）控制在 60%以内，成本比例不能超过 30%……想必餐饮店经营者都听到过这段话吧。

其实，餐饮店经营的常识，通常讲的都是 30 年前繁盛一时的家庭餐馆的经营指南。

众所周知，家庭餐馆以在全国开有连锁店而自豪，因其管理涉及多家店铺，不难想象难度有多大。因此，为了管理这数百家分店，必须采用统一的指南，并彻底实施数字化管理。

然而，30 年过后，时代发生了巨大的变化。泡沫破灭、通货紧缩、“雷曼事件”和东日本大地震等，发生了很多对生活和消费活动产生重大影响的事件。这恐怕是 30 年前无论如何都想象不到的。事实是，家庭餐馆已失去往日的威风，不少店铺已进入苦战状态。

总之，不要说 30 年前了，就连 5 年前的常识，在很多情况下也已不再适用。

我感到，大型餐饮店以前的常识，正在逐步变成非常识。所以，我就想，能不能从与以前的常识相反的方向找到出路，并持续实践和验证。因为我相信，只适用于小型餐饮店的常识一定存在。

接下来，介绍一下 Delacera 亲自验证过的“常识的谎言”。

・选址的谎言

人们常说，选址一定要选在地铁站附近、人流量大的优越位置。Delacera 则离地铁站很远，交通工具只能选择自驾或徒步，回头率却很高。

其中一大原因，在于明确地把“专门庆祝生日的餐厅”作为 USP（卖点），并清晰地传达给顾客。

此外，直接询问顾客选择 Delacera 的理由，也是一个重要原因。理由是博客和主页上刊登了顾客开心庆祝的照片，和看起来很美味的菜品照片，所以尽管地理位置比较偏，顾客也愿意特意赶过来。

实际上，看过博客和主页的顾客，有人特意从埼玉县、福冈县、岐阜县、三重县等，离 Delacera 所在的爱知县有相当一段距离的地方赶过来。

此外，方圆十公里以内当地商圈的顾客，听到别人介绍“庆祝的话，当然选 Delacera 呀”，也会来光顾。我感到，“庆祝的话，当然选 Delacera”的观念已经开始深入人心，所以即使地理位置不理想，还是有很多人会来。

·只要打折就能吸引顾客的谎言

习惯了打折的顾客，现在已经对微不足道的折扣不感兴趣了。反之，即使价格略贵，也愿意获得其他店所没有的体验，这样的顾客越来越多了。事实上，Delacera 绝大多数的顾客，都不是冲着价格来的。

以前的我，深信如果不打折或降价销售，顾客就不会来。当然，也有因此生意红火的店，同时也有对打折或降价销售不感兴趣的人。

小型餐饮店，不能把仅因为便宜才来的人作为目标顾客。最重要的一点就是，不把喜欢打折和降价销售的顾客作为本店的目标顾客。打价格战的话，资本雄厚的大型连锁店拥有绝对优势。小型餐饮店应该发现价格以外的价值，并不断打磨。重点在于脚踏实地地招揽认同本店的顾客。Delacera 的特色“专门庆祝生日的餐厅”，也明确地传达了这一点，与店员一起招揽顾客，即使不打折，顾客也愿意光顾。

·增加座位就行的谎言

现在，Delacera 把座位减到了以前的一半左右。以前，店里满满当当地摆放着餐桌和座椅。6 张餐桌共配有 28 个座位，现在只有 3 张餐桌和 16 个座位。座位多了，就必须根据座位数量配备足够的店员。每天，且每个时间段都座无虚席固然不错，可实际上，这样的店几乎不存在。

常见的案例是，所有的座位都坐满，至少需要 10 名店员，鉴于最近不那么忙，只保留了 5 名店员。当座位坐满时，发生了多起投诉。增加了座位，如果现场店员的能力较低，或人数不足的话，风险会更大。

即使有空位，一旦超出自己和店员的能力，我也会向顾客说明情况后委婉拒绝。

因为即使减少了座位，只要采取让顾客满意的接待方式，顾客再次光顾的概率也会提高。

·延长营业时间就行的谎言

Delacera 以前的营业时间是 9 个小时，现在减到原来的一半以下，只有 4 个小时。

并不是一开始就有缩短营业时间的想法，而是明确地突出专门庆祝生日的餐厅这一“卖点”，并清晰地传达出这一点的副产品。纪念日，绝大部分顾客都会提前预约，到店的时间集中在晚上 6 点到 8 点之间，顾客离店的时间也变早了。所以，把营业截止时间从 0 点改到了晚上 10 点。此外，午餐时段仅在有预约的时候营业，白天和晚上也采用同一本菜单。

通过缩短营业时间，经费减少了，思考促销创意和活动的时间增多了。得益于此，接近新客和老客的方式丰富起来，实现了以更高的效率招揽顾客。通过延长营业时间，无法提高利润。索性在不产生利润的时间关上店门，把时间花在促销上。

以前我也是如此，认为店主就应该一天到晚待在店里，即使没有顾客也觉得充实。陷入了只要在店里就等于在工作的错觉。

仔细分析，你会发现，不产生任何利润的时间段一定存在，在这个时间段关店，用来思考促销措施、营业或参加研讨会，以获取有益的信息，以后会变成自己的财富。这是尤其适合小型餐饮店的提高店铺利润的强有力方法。

· 提高营业额利润就会增加的谎言

Delacera 的营业额降低了，利润却比以前增加了。

营业额上升，并不一定意味着利润上升。如果一家店的成本占 40%，采取半价，人工费和房租部分就会出现亏损。

采取半价，一定会有很多顾客过来。由于来的顾客多，营业额会上升。然而，这种商品卖得越多，店铺亏损越大。

宣传活动需要花广告费，为了采购半价商品，店员也要加班。营业额上升了，利润不但没上升，反而出现亏损。这样的话，还不如不搞活动。搞半价活动的目的，是用降价销售来拉回头客，想让这次享受了半价优惠的人，下次来按原价用餐。根据我的经验，九成人不会再来按原价用餐。当然，不排除会有顾客再来店里，吃和上次半价商品不一样的商品，但是非常少。尤其是因为这次活动才初次到店的人，只会在下次搞半价活动时再来，这种可能性非常大。

所以，小型餐饮店应该采取适当的价格。Delacera 就正在以减少接待数量、提高客单价、设置适当的价格、提高利润的方法运营着。

·提高价格后顾客就不来了的谎言

Delacera 的客单价，从 2000 日元涨到 9000 日元，翻了四五倍。顾客照来不误。庆祝纪念日时钱包扣得比较松，所以我们推出了稍贵的套餐。当稍贵的套餐被广泛接受后，废止了价格最低的套餐。只要是符合顾客需求的菜肴和服务，即使提高价格顾客也不会不满。

由于低价套餐取消了，有顾客就改为选择价位高一点的套餐，且还会重复光顾，也有顾客从此就不再来了。不过，可以明确地说，选择价位高的套餐的顾客数，最好与不再来的顾客数持平，或者略高于后者。

・东西便宜满意度就高的谎言

价格越高，顾客的满意度越高。在 Delacera，客单价为 9000 日元的现在，与客单价为 2000 日元时相比，不仅现在回头率更高，经介绍而来的顾客也比那时多了。就连顾客的感谢信和感谢邮件，都变成了以前的 20 倍，这就是最有力的证明。

・不喜欢的顾客也要认真对待的谎言

Delacera，谢绝话不投机的人、喜欢吃又快又便宜的菜的人、酗酒者、拜金主义者前来用餐，且在主页等上面标明了。

然而，即使行为特别不端的顾客、职业差评师这样的人来到店里，也无法一眼辨别出来，因此无法把他们拒之门外，也是餐饮店的一个特点。

我一方面想在职业差评师来店之前就把他们屏蔽在外，另一方面也认为保护重要顾客免受这样的人的侵扰，是我应尽的义务。

诚然，当面拒绝太尴尬了，所以在主页和宣传页上面，作为注意事项明确写出。

此外，在最近新发行的宣传页上写明了“本店谢绝喜欢又快又便宜的料理的人、对店员颐指气使的人、连融化的冰水都要喝掉的吝啬的人”。

既然有不希望到来的人，反之就有希望到来的人。小型餐饮店不能迎合所有人，而应该明确自己欢迎什么样的顾客，并考虑这些人会喜欢哪些菜品和服务。

怎么样？这就是与大型连锁店的做法截然不同，专属于小型餐饮店的“常识的谎言”。

在此，希望大家不要误会，我并不是推荐这种做法，而只是想对大家说，运用与大型连锁店背道而驰的方法，小型餐饮店也照样能够维持下去。

所以，即使旁边新开了一家大型连锁店，由于利用动机不同，也不用担心。相反，还应该庆幸旁边新开了这家店。

原因在于，到大型连锁店用餐的顾客，看到旁边的小型餐饮店，会想“专门庆祝生日的餐厅，有点意思。下次去试试”。反之，来本店用餐的顾客中，如果旁边就有一家大型连锁店，也会有人想“下次可以来这里开会”。

我认为，小型餐饮店和大型连锁店，各自擅长的领域不同，可以共存。因为竞赛的平台不同。

大体而言，又快又便宜，可以轻松愉快地就餐，是便捷性较高的大型餐饮店擅长的领域。费时费力且成本较高，但是想享用真正的美食，希望度过一段难忘的时光时，还是要选择小

▶**宣传页**

A4纸一半大小。
写明了哪些顾客不受欢迎。

▶主页的首页

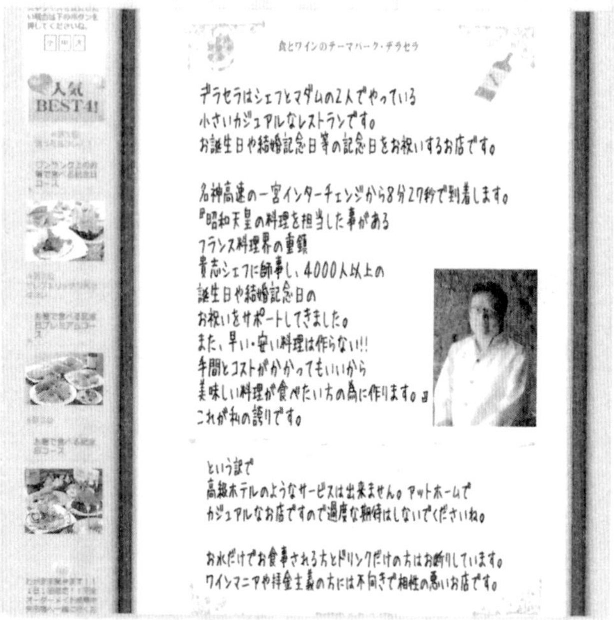

清楚地写明了本店“做不到的事”。

型餐饮店。因为动机和擅长领域不同。

不要被以前的常识局限住，让头脑灵活起来。这是我现在以及将来都希望一直坚持的一点。

结　语

我之所以决心写这本书，缘于一个契机。在餐饮店的学习会上，著名的餐饮店咨询师曾苦笑着说过这样一段话：

“如果我和富田君，同时面向餐饮店经营者讲同一件事，在第一线挥洒汗水的富田君显然更有说服力，我虽然能给出建议，但是从来没有付诸过实践，富田君则是，想到什么立刻就开始做。”

当时，我才意识到原来还有这么一回事呢。但是，同样的事情连续出现了多次，大家都觉得“不愧是站在第一线的人，有相同的立场，说服力就是不一样”。

咨询师，倾听形形色色的餐饮店客户的叙述，详细调查很多案例，从而积累起丰富的经验，这是咨询的价值。但是，由于没有在现场的亲身经历，到底是二手信息。

本书中没有任何一个其他店的事例。全是我二十多年来，每天在 Delacera 这个现场挥汗如雨时经历过的事实。

我想，由于与每天在现场努力工作的读者们，在相同的温度下工作，一定会有同感。希望大家至少把书中的一个方法付诸实践，失败后认真思考原因，并再次挑战，这是我写下这本书的初衷。

读了却没有付诸实践，就等于没读。

当今时代，是“不去做的风险”更大的时代。哪怕只有一个人能够通过这本书，找到不断获得微小成功的契机和帮助，我将不胜荣幸。此外，希望大家借此了解能够收获颇丰、得到顾客感谢、超越“美味”、令人感到“愉快”的纪念日营销的最大特征。

最后，向在我刚毕业尚未找到工作时，动用各种关系为一筹莫展的我介绍工作，并为我加油鼓气的凑先生、澄江先生，表示衷心的感谢。

Delacera 陷入低价销售而濒临停业时，“是不是真的不行了？请明确告诉我”，向他们寻求最终判断时，鼓励我说“还有很多没有尝试过的方法，虽然不知道能做到什么程度，一起加油吧”的泰斯卡尔·B. 康舍尔先生、集客 UP 教室的土屋先生，很高兴你们还觉得“没到放弃的地步”。土屋先生，谢谢您！

8 年前，一直鼓励濒临停业的我“富田君，写本书吧”、一直帮我出主意寻找出路的 USP 的加藤先生，书真的出版了。最喜欢跟您一起把酒言欢的时刻。承蒙您长久以来的关照，谢谢您！

当我对内心最希望珍视的妻子，一不小心就大发雷霆，无法把真正想对她说的话表达出来时，为我提供帮助的 USP 的交缬先生，谢谢您！

在我苦闷时打电话请教后，专程来到 Delacera 实地考察，从事食品创新的樽井武先生，当时好开心！谢谢您！

曾经一起边喝酒边谈，餐饮店经营咨询师早川雅章先生，还想跟您一起喝酒。超喜欢您干脆利落的说话方式。

帮我做企划、认真审阅原稿的同文馆出版社的津川先生，谢谢您！津川先生对我说有一些修正，结果我补写了 30 多页，这件事令我永生难忘。

感谢一直默默支持我的父亲。后来才听母亲说，他本来希望我成为一名普通的上班族。谢谢您！

因为我从小就一直做喜欢的事而为我操心的母亲，这次出版是不是能算得上尽孝呢。希望您一直身体健康、充满活力。

结婚 13 年，在我濒临停业时依然一直帮我的妻子友美，实话实说，我曾多次想过，即使你要跟我离婚，我也无话可说。谢谢你一直以来的支持。今后一直一起吃美食、品美酒、快乐地走下去吧！此外，爱犬琦琦，在我苦闷时用舌头舔我的脸，令我放松下来。

承蒙各位的大力帮助，加上自己的不懈努力，终于有了今天的成绩。真心感谢你们，谢谢！

2012 年 11 月

富田雅纪

"服务的细节" 系列

《卖得好的陈列》：日本"卖场设计第一人"永岛幸夫

定价：26.00 元

《为何顾客会在店里生气》：家电卖场销售人员必读

定价：26.00 元

《完全餐饮店》：一本旨在长期适用的餐饮店经营实务书

定价：32.00 元

《完全商品陈列 115 例》：畅销的陈列就是将消费心理可视化

定价：30.00 元

《让顾客爱上店铺 1——东急手创馆》：零售业的非一般热销秘诀

定价：29.00 元

《如何让顾客的不满产生利润》：重印 25 次之多的服务学经典著作

定价：29.00 元

《新川服务圣经——餐饮店员工必学的 52 条待客之道》：日本"服务之神"新川义弘亲授服务论

定价：23.00 元

《让顾客爱上店铺 2——三宅一生》：日本最著名奢侈品品牌、时尚设计与商业活动完美平衡的典范

定价：28.00 元

《摸过顾客的脚才能卖对鞋》：你所不知道的服务技巧，鞋子卖场销售的第一本书

定价：22.00 元

《繁荣店的问卷调查术》：成就服务业旺铺的问卷调查术

定价：26.00 元

《菜鸟餐饮店 30 天繁荣记》：帮助无数经营不善的店铺起死回生的日本餐饮第一顾问

定价：28.00 元

《最勾引顾客的招牌》：成功的招牌是最好的营销，好招牌分分钟替你召顾客！

定价：36.00 元

《会切西红柿，就能做餐饮》：没有比餐饮更好做的卖卖！ 饭店经营的“用户体验学”。

定价：28.00 元

《制造型零售业——7-ELEVEn 的服务升级》：看日本人如何将美国人经营破产的便利店打造为全球连锁便利店 NO. 1！

定价：38.00 元

《店铺防盗》：7大步骤消灭外盗，11种方法杜绝内盗，最强大店铺防盗书！

定价：28.00元

《中小企业自媒体集客术》：教你玩转拉动型销售的7大自媒体集客工具，让顾客主动找上门！

定价：36.00元

《敢挑选顾客的店铺才能赚钱》：日本店铺招牌设计第一人亲授打造各行业旺铺的真实成功案例

定价：32.00元

《餐饮店投诉应对术》：日本23家顶级餐饮集团投诉应对标准手册，迄今为止最全面最权威最专业的餐饮业投诉应对书。

定价：28.00元

《大数据时代的社区小店》：大数据的小店实践先驱者、海尔电器的日本教练传授小店经营的数据之道

定价：28.00元

《线下体验店》：日本“体验式销售法”第一人教你如何赋予O2O最完美的着地！

定价：32.00元

《医患纠纷解决术》：日本医疗服务第一指导书，医院管理层、医疗一线人员必读书！ 医护专业入职必备！

定价：38.00 元

《迪士尼店长心法》：让迪士尼主题乐园里的餐饮店、零售店、酒店的服务成为公认第一的，不是硬件设施，而是店长的思维方式。

定价：28.00 元

《女装经营圣经》：上市一周就登上日本亚马逊畅销榜的女装成功经营学，中文版本终于面世！

定价：36.00 元

《医师接诊艺术》：2 秒速读患者表情，快速建立新赖关系！ 日本国宝级医生日野原重明先生重磅推荐！

定价：36.00 元

《超人气餐饮店促销大全》：图解型最完全实战型促销书，200 个历经检验的餐饮店促销成功案例，全方位深挖能让顾客进店的每一个突破点！

定价：46.80 元

《服务的初心》：服务的对象十人百样，服务的方式千变万化，唯有，初心不改！

定价：39.80 元

《零售现场力》：全世界销售额第一名的三越伊势丹董事长经营思想之集大成，不仅仅是零售业，对整个服务业来说，现场力都是第一要素。

定价：38.00 元

《别人家的店为什么卖得好》：畅销商品、人气旺铺的销售秘密到底在哪里？ 到底应该怎么学？ 人人都能玩得转的超简明 MBA

定价：38.00 元

《顶级销售员做单训练》：世界超级销售员亲述做单心得，亲手培养出数千名优秀销售员！ 日文原版自出版后每月加印 3 次，销售人员做单必备。

定价：38.00 元

《店长手绘 POP 引流术》：专治“顾客门前走，就是不进门“，让你顾客盈门、营业额不断上涨的 POP 引流术！

定价：39.80 元

《不懂大数据，怎么做餐饮？》：餐饮店倒闭的最大原因就是“讨厌数据的糊涂账”经营模式。

定价：38.00 元

《零售店长就该这么干》：电商时代的实体店长自我变革。

定价：38.00 元

《生鲜超市工作手册蔬果篇》：海量图解日本生鲜超市先进管理技能

定价：38.00 元

《生鲜超市工作手册肉禽篇》：海量图解日本生鲜超市先进管理技能

定价：38.00 元

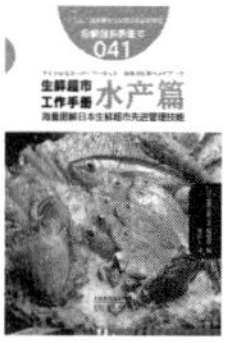

《生鲜超市工作手册水产篇》：海量图解日本生鲜超市先进管理技能

定价：38.00 元

《生鲜超市工作手册日配篇》：海量图解日本生鲜超市先进管理技能

定价：38.00 元

《生鲜超市工作手册副食调料篇》：海量图解日本生鲜超市先进管理技能

定价：48.00 元

《生鲜超市工作手册 POP 篇》：海量图解日本生鲜超市先进管理技能

定价：38.00 元

《日本新干线 7 分钟清扫奇迹》：我们的商品不是清扫，而是“旅途的回忆”

定价：39.80 元

《像顾客一样思考》：不懂你，又怎样搞定你？

定价：38.00 元

《好服务是设计出来的》：设计，是对服务的思考

定价：38.00 元

《让头回客成为回头客》：回头客才是企业持续盈利的基石

定价：38.00 元

《餐饮连锁这样做》：日本餐饮连锁店经营指导第一人

定价：39.00 元

《养老院长的 12 堂管理辅导课》：90%的养老院长管理烦恼在这里都能找到答案

定价：39.80 元

《大数据时代的医疗革命》：不放过每一个数据，不轻视每一个偶然

定价：38.00 元

《如何战胜竞争店》：在众多同类型店铺中脱颖而出

定价：38.00 元

《这样打造一流卖场》：能让顾客快乐购物的才是一流卖场

定价：38.00 元

《店长促销烦恼急救箱》：经营者、店长、店员都必读的“经营学问书”

定价：38.00 元

《餐饮店爆品打造与集客法则》：迅速提高营业额的“五感菜品”与“集客步骤”

定价：58.00 元

《赚钱美发店的经营学问》：一本书全方位掌握一流美发店经营知识

定价：52.00 元

《新零售全渠道战略》：让顾客认识到“这家店真好，可以随时随地下单、取货”

定价：48.00 元

《良医有道：成为好医生的 100 个指路牌》：做医生，走经由“救治和帮助别人而使自己圆满”的道路

定价：58.00 元

《口腔诊所经营 88 法则》：引领数百家口腔诊所走向成功的日本口腔经营之神的策略

定价：45.00 元

《来自 2 万名店长的餐饮投诉应对术》：如何搞定世界上最挑剔的顾客

定价：48.00 元

《超市经营数据分析、管理指南》：来自日本的超市精细化管理实操读本

定价：60.00 元

《超市管理者现场工作指南》：来自日本的超市精细化管理实操读本

定价：60.00 元

《超市投诉现场应对指南》：来自日本的超市精细化管理实操读本

定价： 60.00 元

《超市现场陈列与展示指南》

定价： 60.00 元

《向日本超市店长学习合法经营之道》

定价： 78.00 元

《让食品网店销售额增加 10 倍的技巧》

定价： 68.00 元

《让顾客不请自来！ 卖场打造 84 法则》

定价： 68.00 元

《有趣就畅销！ 商品陈列 99 法则》

定价： 68.00 元

《成为区域旺店第一步——竞争店调查》

定价： 68.00 元

《餐饮店如何打造获利菜单》

定价： 68.00 元

《日本家具 & 家居零售巨头 NITORI 的成功五原则》

定价： 58.00 元

《咖啡店卖的并不是咖啡》

定价： 68.00 元

《革新餐饮业态： 胡椒厨房创始人的突破之道》

定价： 58.00 元

《餐饮店简单改换门面， 就能增加新顾客》

定价： 68.00 元

《让 POP 会讲故事， 商品就能卖得好》

定价： 68.00 元

《经营自有品牌： 来自欧美市场的实践与调查》

定价： 78.00 元

《卖场数据化经营》

定价： 58.00 元

《超市店长工作术》

定价： 58.00 元

《习惯购买的力量》

定价： 68.00 元

《7-ELEVEn 的订货力》

定价： 58.00 元

《与零售巨头亚马逊共生》

定价： 58.00 元

《下一代零售连锁的 7 个经营思路》

定价： 68.00 元

《唤起感动： 丽思卡尔顿酒店“不可思议” 的服务》

定价： 58.00 元

《7-ELEVEn 物流秘籍》

定价： 68.00 元

《价格坚挺， 精品超市的经营秘诀》

定价： 58.00 元

《超市转型： 做顾客的饮食生活规划师》

定价： 68.00 元

《日本家具 & 家居零售巨头 NITORI 的成功五原则》

定价：　58.00 元

《咖啡店卖的并不是咖啡》

定价：　68.00 元

《革新餐饮业态：　胡椒厨房创始人的突破之道》

定价：　58.00 元

《餐饮店简单改换门面，　就能增加新顾客》

定价：　68.00 元

《让 POP 会讲故事，　商品就能卖得好》

定价：　68.00 元

《经营自有品牌：　来自欧美市场的实践与调查》

定价：　78.00 元

《卖场数据化经营》

定价：　58.00 元

《超市店长工作术》

定价：　58.00 元

《习惯购买的力量》

定价： 68.00 元

《7-ELEVEn 的订货力》

定价： 58.00 元

《与零售巨头亚马逊共生》

定价： 58.00 元

《下一代零售连锁的 7 个经营思路》

定价： 68.00 元

《唤起感动： 丽思卡尔顿酒店“不可思议” 的服务》

定价： 58.00 元

《7-ELEVEn 物流秘籍》

定价： 68.00 元

《价格坚挺， 精品超市的经营秘诀》

定价： 58.00 元

《超市转型： 做顾客的饮食生活规划师》

定价： 68.00 元

《连锁店商品开发》

定价： 68.00 元

《顾客爱吃才畅销》

定价： 58.00 元

《便利店差异化经营——罗森》

定价： 68.00 元

更多本系列精品图书，敬请期待！

图字：01-2019-5387 号

图书在版编目（CIP）数据

餐饮营销.3，让顾客感动的小餐饮店“纪念日营销”／（日）富田雅纪 著；赵净净 译. —北京：东方出版社，2019.11
（服务的细节；092）
ISBN 978-7-5207-1261-3

Ⅰ.①餐…　Ⅱ.①富…②赵…　Ⅲ.①饮食业—市场营销学　Ⅳ.①F719.3

中国版本图书馆 CIP 数据核字（2019）第 243254 号

服务的细节 092：餐饮营销 3：让顾客感动的小餐饮店“纪念日营销”
（FUWU DE XIJIE 092：CANYIN YINGXIAO 3：RANG GUKE GANDONG DE XIAO CANYINDIAN "JINIANRI YINGXIAO"）

作　　者：［日］富田雅纪
译　　者：赵净净
责任编辑：崔雁行　高琛倩
出　　版：东方出版社
发　　行：人民东方出版传媒有限公司
地　　址：北京市朝阳区西坝河北里 51 号
邮　　编：100028
印　　刷：北京文昌阁彩色印刷有限责任公司
版　　次：2019 年 12 月第 1 版
印　　次：2019 年 12 月第 1 次印刷
开　　本：880 毫米×1230 毫米　1/32
印　　张：6.25
字　　数：113 千字
书　　号：ISBN 978-7-5207-1261-3
定　　价：68.00 元
发行电话：（010）85924663　85924644　85924641